新时代村级党组织领导力提升

曾土花 著

天津出版传媒集团

天津人民出版社

图书在版编目（ＣＩＰ）数据

新时代村级党组织领导力提升 / 曾土花著. -- 天津:
天津人民出版社, 2024.7.
　ISBN 978-7-201-20537-3

Ⅰ. D267.2

中国国家版本馆 CIP 数据核字第 2024484LP0 号

新时代村级党组织领导力提升
XINSHIDAI CUNJI DANGZUZHI LINGDAOLI TISHENG

出　　版	天津人民出版社
出 版 人	刘锦泉
地　　址	天津市和平区西康路35号康岳大厦
邮政编码	300051
邮购电话	（022）23332469
电子信箱	reader@tjrmcbs.com

策划编辑	郑　玥
责任编辑	佐　拉
封面设计	汤　磊

印　　刷	天津新华印务有限公司
经　　销	新华书店
开　　本	710毫米×1000毫米　1/16
印　　张	13
插　　页	1
字　　数	220千字
版次印次	2024年7月第1版　2024年7月第1次印刷
定　　价	89.00元

目　录

绪　论

一、选题缘由与意义

(一)选题缘由

农民是中国共产党执政的重要依靠力量。中国共产党历来关注"三农"问题,自党的十八大提出脱贫攻坚战略之后,党的十九大报告又提出了乡村振兴战略,是旨在实现共同富裕、实现乡村振兴、全面建成小康社会的又一根本性战略。落实脱贫攻坚战略,实现乡村振兴,关键在于党的领导。村级党组织是党在农村中的最基层组织,加强党对农村工作的领导,需要发挥村级党组织在乡村治理体系中的领导核心作用, 发挥村级党组织落实党中央方针政策的领导核心作用。在此背景下,研究村级党组织的领导力建设,就成为学术界的一个重大理论问题和现实问题。具体说来,本书研究村级党组织领导力建设,主要基于以下两点原因:

一是乡镇党组织与村级党组织领导力建设的来源有着本质上的不同。目前,国内学术界倾向于将农村基层党组织(乡镇党组织和村级党组织)"打包"进行研究。表面上看,乡镇党组织与村级党组织具有相同的性质结构,只是层级不同。但是经过仔细探究就会发现,乡镇党组织与村级党组织的领导力变革的来源有着根本的不同。这种根本的不同体现在党组织自身权威建构和基本功能实现过程中是否有直接的行政权力作为依托。自人民公社解体以来,尤其是随着家庭联产承包责任制的实施,我国由"政社合一"的人民公社制转化为"乡政村治"的结构,村级党组织在平级失去了行政权的支撑,而乡镇党委在农村社会仍有乡镇政府的支撑,享有行政权。这意味着乡镇党组织的领导力有权力性影响力和非权力性影响力的双重支撑。而村级党组织的领导力建设更多地是依靠非权力性影响力去获得。

当前,关于领导力的研究主要倾向于非权力性影响因素的转型,这与村级党组织的领导力的提升具有契合之处。党的十九大报告指出:"要不断增强党的政治领导力、思想引领力、群众组织力、社会号召力,确保我们党永葆旺盛生命力和强大战斗力。"学界对党的领导力的研究开始转向这四力。领导力一词开始与中国共产党组织相联系,并成为学者们关注的热点。实际上,党的十九大报告中所界定的政治领导力、思想引领力、群众组织力、社会号召力这四个力都体现了领导力的非权力性影响因素,也是当前研究领导力所要关注和解决的问题,这也是本书深入研究的方向。

二是现代乡村治理体系给村级党组织领导力建设带来了巨大的挑战。随着社会治理由倡导专业化、精细化向实行整体性治理的转变,传统"乡政村治"低水平的管理已不能满足乡村建设的需要,乡村治理由原来的强调方式路径的"管理民主"转向强调结果质效的"治理有效"转变,村级党组织领导力在结构层面的最大困境主要是治理意义上的。《关于加强和改进乡村治理的指导意见》明确指出了要完善基层党组织领导乡村治理的体制机制,要建立以基层党组织为领导,村民自治组织为基础,乡村社会组织、乡村经济组织共同参与的治理结构,推进乡村振兴。现代乡村治理体系的提出,重新定义多元治理体系中村级党组织的领导地位,要求村级党组织充分发挥其服务、动员、协调功能,充分激发农村各类组织的活力,充分激发群众参与的积极性。加强村级党组织领导力建设需要增强村级党组织在乡村治理结构中的领导功能,促进农村社会中多元治理主体之间的有效协作,形成高效、合作、联动的合作机制和治理格局,进而形成纵横交错的领导合力。因此,探究村级党组织如何在现代乡村治理体系中发挥领导核心作用,扩大对群众和对农村各类组织的影响力,激发了笔者的研究兴趣。

(二)研究意义

村级党组织作为党在农村工作中的基层组织,其领导力对于推进乡村的发展和增进群众的认同都有重要影响,深入研究村级党组织领导的理论和实践具有重要的意义。

从理论意义上来说,本书有利于加深对村级党组织的理论研究。村级党组织的党建学说是中国共产党独具特色的党建创造,深入研究村级党组织领导力建设,有利于丰富基层党建理论成果。一方面,相对于西方农民人口较少、政党组织在农村中的地位日趋下降,以及政党的先有国家、后有政党的产生方式而言,中国共产党村级党组织网络遍布全国每个乡村,而且组织体系尤为严密,在组织群众和领导农村各类组织方面具有较大的影响力。并且在国际共运史上,马克思、恩格斯没有留下完整的农村党建学说,列宁、斯大林的党建学说也主要集中在城市。因此,研究村级党组织领导力有利于进一步丰富中国共产党的党建理论。另一方面,村级党组织的领导力研究,有利于深化中国文化背景下的领导理论。领导是一种社会文化现象,多数学者认同领导效能受到文化的限制,即在不同的文化背景下群众对领导行为的认可程度具有差异。当前,关于领导理论的研究大多是在西方文化背景下展开的,而中国传统文化与西方文化具有较大的差异。中国的农村社会具有典型的乡土文化特征,对村级党组织领导力展开研究,有利于充分观照中国农村社会的实践,形成具有乡土特色的领导理论。

从实践意义上来说，研究村级党组织有利于发挥村级党组织在农村社会中的领导核心作用，促进乡村社会的发展。村级党组织的领导力主要注重领导权威的塑造，这就要求村级党组织加强自我建设和自我革命，提高村级党组织的感召力和影响力。但是村级党组织的领导并非简单的自我革命与自我建设的问题，而是由自我革命转向社会革命，即由村级党组织内部的组织领导力转向政治-社会层面的领导力，带领群众及农村各类组织解决新时期农村社会发展中的问题，推动农村经济社会的发展，具有鲜明的实践指向性。

二、研究现状

（一）国内研究现状

对村级党组织领导力的相关文献材料的梳理离不开对领导力文献、中国共产党领导力以及村级党组织领导力的关注。从现有的文献来看，直接涉及领导力和村级党组织领导力的文献还不多，大部分都是在研究农村基层党建问题的过程中间接涉及村级党组织领导力问题。通过文献的梳理，笔者发现现有的研究成果中关于村级党组织领导力的研究主要集中在以下三个方面。

1.领导力的研究现状

国内学者关于领导力的研究主要集中在领导力的概念内涵和由个人领导力向组织领导力的转向上。

一是关于领导力的概念研究。李明、毛军权认为："不同的领导定义，导致了领导力概念、测量、考察和评论等方法的不同。"[1]因此，要了解领导力的构成和影响因素，需要弄清楚领导力的定义。关于领导力的定义，国内学者

---

[1] 李明、毛军权：《领导力研究的理论评述》，《上海行政学院学报》，2015年第6期。

从领导力是一种能力、领导力本质是影响力以及领导力是领导过程形成的作用力等多角度进行了研究。

　　将领导力作为一种能力体系,能够将领导力具象化,如中国科学院"科技领导力研究"课题组认为,领导者必须具备前瞻力、感召力、影响力、决断力和控制力,并从这五力入手,建构领导力的体系和框架。①张小娟认为领导力包括崇高的人格魅力、精准的预见及判断能力、超强的沟通能力、不息的创新能力和持续的延伸能力。②

　　一些学者认为领导力是由多种因素产生的作用力,这种定义较为清晰地解释了领导力生成的影响因素。如邱霈恩认为:"领导力即指由领导素质、领导体制、领导环境和一定物质基础等多种因素综合作用所产生的最高组织性作用,是领导主体用以指导、推动一个组织群体或社会去应对并战胜挑战和竞争,达到共同目标的核心力量。"③高兴国认为:"领导力是指领导要素及其各要素之间的关系在领导场中发挥作用的力量的总和。"④

　　将领导力视为影响力,可以较为清晰地了解领导者与追随者之间的互动关系。刘峰认为:"领导力是领导者对追随者施加并为追随者自觉接受的正向的积极的影响力和凝聚力。"⑤刘峰在提出了领导力的概念之后,还进一步明确了领导力具有个体性和组织性。虽然关于领导力的概念在学界仍然存在分歧,但是关于领导力的实质就是影响力已经得到学界的普遍认可。

　　二是领导力由个人领导力、团体领导力转向组织领导力。随着社会经济的发展、组织结构形态的不断变化、组织规模的日益扩大、治理结构的多元化和复杂化以及组织内外部环境的不断变化,领导理论的实践探索也在不

---

① 中国科学院"科技领导力研究"课题组:《领导力五力模型研究》,《领导科学》,2006 年第 9 期。
② 张小娟:《打造卓越的领导力》,《领导科学》,2005 年第 18 期。
③ 邱霈恩:《领导力:致胜新世纪的关键力量》,《领导科学》,2002 年第 3 期。
④ 高兴国:《领导力概念辨析》,《生产力研究》,2012 年第 11 期。
⑤ 刘峰:《领导力与领导艺术》,人民出版社,2015 年,第 2 页。

断推进，领导力从内容上呈现出从关注个体到关注团队再到关注组织的特点。组织领导力作为一种集体能力，是当今公认的较为先进的管理理念，孔令富指出："组织领导力是指组织在复杂、开放系统中，高、中、基层领导者以及追随者、内外部情景等因素相互作用而产生的一种能够实现组织愿景的综合影响力。"①从个人领导力到组织领导力的转向意味着领导力的理论经历了由个体领导到集体领导、由强调纵向垂直领导到横向参与、由单向领导到双向领导甚至是网络化领导的变化过程，它强调涉及领导力系统的个体、团队，以及情境之间的相互作用。文茂伟认为："组织领导力发展涉及组织系统内的个体、团队、情境等因素的相互作用，从而产生有效的动力机制促进各利益相关者共同参与完成领导任务。"②这一过程适应了治理结构多元化和组织环境多元化、复杂化的要求。组织领导力也越来越被公认为影响组织绩效的决定性因素。但是组织领导力的发展仍具有不足之处，关于组织领导力的内涵和外延仍然缺乏统一的论述，并且不同学科关于组织领导力的评价指标没有统一的标准且差异性较大。程云、王林昌从组织的视角指出组织领导力的开发内容应关注组织的所有成员，应关注丰富组织内的联系方式、组织文化要素。③文茂伟、蒋勤峰、田晓明则从行动学习的角度出发，认为行动学习可以较好地整合个人领导力和组织领导力。④

2.中国共产党领导力的研究现状

党的十八大以来，习近平在"7·26"重要讲话、党的十八届七中全会以及党的十九大报告中多次提到"党的领导力"的概念，学术界关于"党的领导

---

① 孔令富：《企业组织领导力培育途径探析——以海底捞为例》，《河南财政税务高等专科学校学报》，2012年第4期。

② 文茂伟：《给组织领导力发展一个定义》，《领导科学论坛》，2013年第3期。

③ 程云、王林昌：《组织领导力开发初探》，《商业时代》，2013年第25期。

④ 文茂伟、蒋勤峰、田晓明：《行动学习再认识——整合发展个人领导力和组织领导力方法的视角》，《现代管理科学》，2009年第1期。

力"的研究不断升温。随着党的领导力的研究成果不断增多,笔者通过整理相关文献,发现学者们关于中国共产党领导力的研究重点主要是围绕意义研究、内涵研究、构成研究、提升路径研究等方面展开。关于党的领导力的意义研究,学界普遍认为加强中国共产党领导力,有利于提升党的执政能力、领导能力以及现代化治理能力,是建设中国特色社会主义必须具备的能力。奚洁人认为,加强中国共产党领导力研究,是中国共产党提升执政能力和领导水平、夺取中国特色社会主义伟大胜利的客观需要,也是构建新时代中国特色领导科学学科体系的必然。①

关于中国共产党领导力的内涵学界并没有达成共识,但主要从以下两个方面进行界定。其一,认为领导力是一种影响力。张纯、向俊杰认为,党的领导力是党对人民群众的一种正向影响力。②苗贵安认为中国共产党的领导力是中国共产党为实现党和群众的共同愿景和目标,对群众所施加的并为群众自觉接受的正向的、积极的影响力和凝聚力。③其二,认为领导力是一种能力体系。蔡礼强认为,中国共产党的领导力包括领导干部个人的领导力和党组织的组织领导。郭庆松认为,中国共产党的领导力包括政治领导力、思想引领力、群众组织力和社会号召力。④冯秋婷认为,中国共产党的领导力可以分为三类,主体构成包括组织领导力和个体领导力,内容构成包括政治领导力、思想引领力、群众组织力和社会号召力,客体构成包括党的公信力和人民的认同力。⑤李震认为中国共产党的领导力是以组织引领力为核心,以组

① 奚洁人:《中国共产党领导力研究与中国特色领导科学建构》,《中国领导科学》,2018年第4期。
② 张纯、向俊杰:《党的领导力与党内民主建设探析》,《学习与探索》,2011年第5期。
③ 苗贵安:《延安时期中国共产党领导力研究》,中共中央党校博士学位论文,2019年,第25页。
④ 郭庆松:《新时代党的领导力提升》,《中国领导科学》,2018年第4期。
⑤ 冯秋婷:《新时代中国共产党领导力专题研究》,《中国井冈山干部学院学报》,2019年第3期。

织执行力、凝聚力、约束力为途径,以组织学习力为动力构成的"五力模型"①。

关于中国共产党领导力的来源,学界对其主要来源于非权力性影响因素达成共识,普遍认为中国共产党的领导力源于党的自身建设、党员的先锋模范作用、党的价值信仰体系、党的制度体系以及德才兼备的干部。胡宗仁认为,中国共产党的组织领导力源于宏大的信仰信念体系、完备的精神塑造系统、德才兼备的干部队伍、科学有效的动力机制和铁一般的严明纪律。②

关于中国共产党领导力提升途径的研究,较为值得关注的是虞云耀在2018年中国领导科学研究会提出的较具代表性的观点。他认为中国共产党的领导力是大道,不是小术,认为政治领导力是中国共产党领导力提升的灵魂和统领,党的干部的领导力是中国共产党领导力提升的基础和基石,人民群众是否支持、拥护和追随是衡量党的领导力强弱的标志。③冯秋婷认为,要以人民群众的支持拥护和追随为根本,要维护党中央权威和集中统一领导,要发挥自我调适和保证机制提升党的领导力。④

3.村级党组织领导力的研究现状

现有研究中关于村级党组织领导力的文献比较少,目前学者研究较多的是村级党组织的组织力、村级党组织引领乡村振兴、村级党组织领导乡村治理,以及加强村级党组织的领导功能四个方面。

一是关于村级党组织领导力的研究。当前的研究文献中倾向于将村级党组织的领导力定义为一种能力。杨恒昶认为,农村基层党组织的领导力指的是农村党支部带领村中各类社会组织和广大农民实现建设目标、维护村

---

① 李震:《中国共产党组织领导力研究》,中共中央党校博士学位论文,2019年,第35页。
② 胡宗仁:《重在研究中国共产党的组织领导力》,《中国领导科学》,2018年第2期。
③ 虞云耀:《为加强党的领导力研究献计出力》,《中国领导科学》,2018年第4期。
④ 冯秋婷:《全面锻造新时代强大领导力》,《行政管理改革》,2017年第1期。

庄共同利益的能力。①该分析更为侧重于从组织自身层面的因素去分析领导力不强的原因,关于领导情境因素的分析较为单一,尚不能看到治理结构中多元治理主体以及社会环境因素的作用。郭岩认为,农村基层党组织政治领导力,是指其所在政党的政治决策力和政治执行力延伸、落实到农村基层的体现,反映的是农村基层党组织所应该具有的胜任力、执政力、影响力。②林绮雯认为,农村基层党组织领导力指的是农村基层党组织贯彻执行党的领导方针,协调关系,带领村中各类社会组织和广大村(居)民实现建设目标,维护村、社区共同利益,推进农村经济社会环境等各方面协同发展的各种管理和服务素养能力。③根据党的十九大报告定义的职责,将农村基层党组织的领导力划分为宣传党的主张、贯彻党的决定、领导基层治理、团结动员群众和推动改革发展五大构成要素。按照农村基层党组织的职责划分要素能够较为清晰地从横向看到农村基层党组织领导力的着力点和影响范围。侧重于从内外因进行分析,认为内因是部分农村基层党组织和村委会之间存在矛盾,农村基层党组织自身建设滞后;外因在于农村群众民主意识提升和利益诉求表达渠道的多元化,宗族势力兴起,"村霸"现象有所抬头,农村经济结构有所变化。④虽然内外因分析能够较为全面透视领导力的制约因素,但是也容易遮蔽领导力生成的过程,忽视了领导体制的结构性制约、领导主体的能动性。魏小换认为村级党组织的领导能力包括领导农村党建的能力、执行政策的能力、基层治理的能力、服务群众的能力。⑤

① 杨恒昶:《社会转型期农村基层党组织领导力建设研究》,华东政法大学硕士学位论文,2015年,第13页。

② 郭岩:《农村基层党组织政治领导力提升的逻辑进路》,《中共杭州市委党校学报》,2019年第4期。

③ 林绮雯:《江门市农村基层党组织领导力研究》,华南理工大学硕士学位论文,2018年,第9页。

④ 林绮雯:《江门市农村基层党组织领导力研究》,华南理工大学硕士学位论文,2018年,第32页。

⑤ 魏小换:《我国村级党组织能力建设研究》,大连海事大学博士学位论文,2014年,第21页。

关于农村基层党组织领导力的提升，杨恒昶侧重于农村基层党组织内部提升领导力，认为要建设高效的领导班子，建设服务型、学习型的农村基层党组织，提升引领农村民主政治发展的能力。林绮雯认为，要完善制度、提升村党组干部素质、提升保障水平、强化党员作用发挥、建设服务型农村基层党组织以提升农村基层党组织的领导力。郭岩认为构建以"双带""双能"队伍为先导的优化提升机制，以增强改革推动能力为切入点的工作落实机制，以创新为民服务为核心的宣传动员机制，以健全强化党组织全面领导为关键的运行治理机制，以扩大党组织覆盖为前提的组织保障机制，是提升农村基层党组织政治领导力的进路选择。

二是从组织力的角度研究领导力。党的十九大报告提出，加强基层党组织建设要以提升组织力为重点。近年来，学者们很关注从村级党组织组织力提升的角度研究领导力。研究的内容主要集中在内涵、构成、存在问题和提升对策四个方面。实际上，学者们关于组织力是一种"合力论"，是从广义上研究组织力，组织力所涉及的对象和影响方式与领导力之间高度相似。

关于村级党组织组织力的内涵，目前的研究主要分为两种观点。一种是"合力论"，学者们根据研究视角的不同，认为组织力是由各方面形成的合力。如张克兵将农村基层党组织的组织力分为政治领导力、经济发展力、繁荣文化力、社会治理力、自我建设力。[①]这种划分方式能够让我们较为清晰地看到农村基层党组织领导农村社会事务，但却容易忽视农村基层党组织领导力的影响对象和影响方式。目前，在关于组织力的"合力论"中，大多数学者都看到了构成组织力的几个共同要素，即政治领导力、自我发展力、群众凝聚力和社会发展力，如李亚超认为基层党组织的组织力包括政治领导力、

---

① 张克兵:《中国共产党农村基层组织组织力研究》，中共中央党校博士学位论文，2019 年，第 28 页。

组织覆盖力、群众凝聚力、发展推动力和自我革新力。①李毅弘、杨雅涵基于
新时代基层党建的目标，将村级党组织整体功能的核心要素概括为政治功
能、服务功能和治理功能；其作用于环境产生的效能(组织力)的理想样态，
应由中心力(政治领导力)、内环力(组织覆盖力、自我革新力)、外环力(群众
凝聚力、社会号召力、发展推动力)构成。②还有一种是"单力论"，认为村级党
组织的领导力主要是指群众组织力，如夏立认为党的组织力就是党的群众
组织力，要提升组织力在基层党建中的作用。③

　　关于村级党组织组织力存在的问题研究及原因分析。客观地说,由于不
同的学者对村级党组织组织力的划分标准不同，村级党组织组织力出现的
问题也是多样的，并且这些问题产生的原因既有组织自身的原因也有外部
环境复杂的原因。如李亚超认为，当前基层党组织存在政治领导力弱化、组
织覆盖力不高、群众凝聚力不足、发展推动力不够、自我革新力虚化的软弱
涣散的问题,并指出理论支撑不扎实和思想认识不到位是根本原因,基层干
部能力素质不能与时俱进是主要原因，社会组织多样化和党员从业多样化
是客观原因。④李毅弘、杨雅涵指出村级党组织在现实中最突出、最亟待解决
的问题是破解引领有效治理的村级党组织"内卷"化和新形式主义的两道难
题,应对价值架构、社会结构、阶层结构性变化中的三大冲击,以及要突破传
统资源流失、人力资源流失、党建资源错位的三重困境。⑤刘渊将农村基层党

　　①　李亚超:《新时代提升基层党组织组织力研究》,中共四川省委党校硕士学位论文,2019 年,
第 9 页。

　　②　李毅弘、杨雅涵:《新时代村级党组织组织力的生成:理论探析与现实观照》,《探索》,2019 年
第 4 期。

　　③　夏立:《加强基层党建重在提升组织力》,《中国社会科学报》,2018 年 2 月 7 日。

　　④　李亚超:《新时代提升基层党组织组织力研究》,中共四川省委党校硕士学位论文,2019 年,
第 21 页。

　　⑤　李毅弘、杨雅涵:《新时代村级党组织组织力的生成:理论探析与现实观照》,《探索》,2019 年
第 4 期。

组织的组织力划分为政治引领力、社会动员力、文化凝聚力、群众服务力,并将组织力视为一个整体合力,用实证分析指出当前西部地区的农村基层党组织的组织力建设存在重形式、轻内容,重常规、轻创新,重经济、轻文化等问题;认为规范化建设的表象与党建路径的现实偏离降低了党组织的引领力,部分干部官僚化与资源配置特殊化降低了凝聚力和动员力,部分乡镇党员干部短板问题制约了服务力。[①]

关于村级党组织组织力提升的路径研究。针对如何提升村级党组织的组织力,学者们从两种角度出发,一种将组织力视为一个整体系统,分别从组织结构优化、加强组织队伍建设、完善乡村治理体系、优化外部环境等方面提出对策。如肖长春、郑传芳提出要弘扬优良传统,健全乡村治理体系,夯实组织基础,避免村级党组织组织力虚化、弱化、边缘化。[②]李毅弘、杨雅涵认为提升村级党组织组织力必须坚持系统性、整体性、协同性,对内要调整组织结构、增强组织功能,对外要着力优化农村基层社会环境,并指出组织力的提升不能期待毕其功于一役,而要循序渐进。[③]还有一种对策针对组织力的构成,提出要通过提升每一个力进而提升整体的合力。如李亚超认为:"强化政治功能,提升政治领导力;夯实组织基层,提升组织覆盖力;突出服务群众职能,提升群众凝聚力;围绕中心服务大局,提升发展推动力;建设坚强战斗堡垒,提升自我革新力。"[④]将组织力视为一个整体,着力破解影响组织力

---

① 刘渊:《西部农村党组织组织力建设的内涵解析、现实反思与实践进路》,《探索》,2019年第6期。

② 肖长春、郑传芳:《提升村级党组织组织力:理论、现实与实现路径》,《江西财经大学学报》,2019年第4期。

③ 李毅弘、杨雅涵:《新时代村级党组织组织力的生成:理论探析与现实观照》,《探索》,2019年第4期。

④ 李亚超:《新时代提升基层党组织组织力研究》,中共四川省委党校硕士学位论文,2019年,第26~38页。

生成的制约因素,能够提升整体的组织力,但却容易忽视组织力的短板。不同的力在不同的情境下所扮演的角色和所起的作用不同,将组织力的提升分解为能力体系,分别提升相应的能力短板,更具有针对性。

三是从乡村治理体系的角度研究领导力。当前学者们对领导力的研究,开始转向基层党建引领乡村治理的角度,关注村级党组织在乡村治理体系中如何发挥领导核心作用以提升领导力。在乡村治理体系中,村级党组织与村民自治组织的关系、村级党组织与乡村社会组织的关系成为学者们关注的焦点。关于村"两委"关系,景跃进从人际关系维度和制度(结构)维度对造成村"两委"冲突与紧张的关系作了较为经典的分析,并根据各地的实践,归纳出四种缓解冲突的做法,分别是提高思想认识和干部素质、制定工作制度与行为规范、实行"两推一选"或"公推直选"、推进"一肩挑"与"交叉任职"。[1]中央文件明确规定了通过"一肩挑"的方式解决村"两委"矛盾,虽然"一肩挑"解决了村"两委"矛盾问题,但是又催生出权力过分集中、容易导致小微腐败的问题,并且"一肩挑"使得村支部书记的责任和任务都比较繁重,导致村支部书记竞选村干部动力不足。[2]

对于当代农村社会,学界普遍认为农村合作社组织、乡贤理事会、村民议事会、宗教或宗族组织等民间社会组织对农村社会治理有一定的影响,村级党组织要发挥在乡村治理体系中的领导核心作用,要处理好与民间社会组织之间的关系。

其一,村级党组织与农村合作社的关系。学者们普遍认为村级党组织对合作社有一定的影响,合作社是在村级党组织的主导下建立的,村级党组织

---

① 景跃进:《当代中国农村"两委关系"的微观解析与宏观透视》,中央文献出版社,2004年,第59~67页。

② 徐增阳、任宝玉:《"一肩挑"真能解决"两委"冲突吗——村支部与村委会冲突的三种类型及解决思路》,《中国农村观察》,2002年第1期。

与合作社组织之间的互动较多。如季婵燕认为村级党组织与合作社之间有政治层面、经济层面、社会层面的合作。①其中政治层面和经济层面的合作能够促进村级党组织与合作社之间的良性互动，社会层面的合作对村级党组织的利益协调能力提出了更高的要求。而对于由村民主导的合作社，村级党组织对合作社的影响力较弱，如赵晓峰、刘成良认为由农民自发建立起来的合作社，在发展壮大的过程当中，会以村庄大大小小的宗族势力作为坚强的后盾，导致其对村庄的权威性资源展开争夺，对村"两委"权力构成威胁，如果不能实现双方关系的成功整合，会影响村庄秩序的稳定。②因此，村级党组织要积极引导农村合作社组织的发展，巩固党的领导地位。

其二，随着党的十八大以来农村协商民主制度的发展，学者们日益认为乡贤理事会、村民议事会等民间社会组织是多元治理主体之一，并在乡村治理中发挥重要作用。如原超认为乡贤理事会通过由宗族认同、资源支配和体制合法性构成的"复合型权威"嵌入从而建立起一套地方调节机制。③

其三，关于村级党组织与宗族组织的关系，学界们根据对宗族组织在农村治理中作用的认识不同，进而对宗族组织的态度不同。一种认为宗族组织在农村治理中起到了消极的作用，建议取缔宗族组织。如肖唐镖、幸珍宁看到了宗族组织消极的一面，建议取缔农村宗族组织和宗族活动。④此外，相关学者发现宗族组织不仅对农村治理带来消极影响，对村级党组织权威和村

---

① 季婵燕：《村级党组织与农民专业合作社关系的调查与分析——以浙西农村为个案》，《陕西行政学院学报》，2011年第3期。

② 赵晓峰、刘成良：《利益分化与精英参与：转型期新型农民合作社与村两委关系研究》，《人文杂志》，2013年第9期。

③ 原超：《新"经纪机制"：中国乡村治理结构的新变化——基于泉州市A村乡贤理事会的运作实践》，《公共管理学报》，2019年第2期。

④ 肖唐镖、幸珍宁：《江西农村宗族情况考察》，《社会学研究》，1997年第4期。

级党组织建设也会带来一定的冲击和破坏。①还有一些学者持相反的态度，建议村级党组织应该积极引导宗族组织，发挥宗族组织在农村社会中的积极作用。②

四是从领导功能实现的角度研究领导力。关于村级党组织领导功能的研究，国内学者和有关部门的工作人员出版和发表了大量的专著和论文，笔者主要梳理影响因素和对策两方面的研究成果。

关于村级党组织领导功能实现的影响因素的分析。一种观点是侧重于"综合因素作用说"，立足宏观环境，全面概括影响农村基层党组织领导功能发挥的经济基础、政治基础、文化基础、社会基础的外部困境和组织建设内部困境因素。③如陈善友认为村级党组织领导功能弱化的原因在于缺乏好的带头人、集体经济基础薄弱、村民的原子化状态、思想的多元化，这些因素削弱了村级党组织领导功能发挥的组织基础、物质基础、社会基础、思想基础。④另一种观点是"矛盾说"，持这种观点的学者认为组织自身建设，即组织结构、运行模式等方式滞后于农村社会的转型。如徐伟、张玲指出基层党组织弱化现象严重、政治领导缺位，基层党组织虚化现象突出、党建工作错位，基层党组织边缘化严重、在基层决策系统中缺席等"三化"现象。⑤

村级党组织领导功能实现的对策主要聚焦在以下四个方面。第一，组织设置方面。不断改进村级党组织的设置方式。学者们普遍认为村级党组织的

① 王久高：《农村宗族家族势力的复活对村级党组织建设的影响及其消解》，《探索》，2004 年第4 期。

② 孙秀林：《华南的村治与宗族——一个功能主义的分析路径》，《社会学研究》，2011 年第 1 期。

③ 霍军亮、吴春梅：《乡村振兴战略背景下农村基层党组织建设的困境与出路》，《华中农业大学学报》（社会科学版），2018 年第 3 期。

④ 陈善友：《乡村振兴背景下强化村党组织功能的若干路径——基于湖北 W 村的调查》，《中州学刊》，2019 年第 2 期。

⑤ 徐伟、张玲：《基层党组织弱化虚化边缘化现象探析》，《毛泽东邓小平理论研究》，2019 年第2 期。

组织结构影响其领导功能发挥,建议优化组织结构,扩大其影响力。白仙畔从四个方面论述村级党组织设置模式的改变,即根据实际不断打破行政区域的限制、以农村经济合作组织为依托设置、市场型、城乡一体化互帮互助型。①第二,队伍建设方面。农村经济的发展、村民的富裕在很大程度上得益于以村党组织书记为代表的各类能人作用。学术界普遍认为,建设一支高素质的农村干部队伍是实现村级党组织领导功能的重要前提和基础。杨根乔认为,针对当前农村基层党组织在乡村振兴中存在把脉定向、引领导航、组织领导、示范带动、教育引导、坚强后盾六个方面不足的问题,建议从完善选拔任用制度、构建教育培训体系、筑牢监督约束防线、健全激励保障机制完善农村基层党组织。②第三,推动农村集体经济的发展。学者们普遍认识到村集体经济发展对于村级党组织领导功能实现的意义,一致认同村集体经济的发展能够为村级党组织的领导提供物质基础。如赵大朋认为:"农村经济的发展既可以提高村级党组织在村民中的威信,又可以提高村级党组织为村民提供公共服务的能力,为村级党组织的领导提供权威基础。"③第四,领导制度方面。学者们普遍认识到村"两委"关系问题,认识到加强村"两委"合作需要明确二者之间的权力边界。还有学者认为应当将制度安排扩展到村级党组织的领导活动过程。如项继权提出,行政化源于制度安排的模糊性,如果村委会决定村务,那么如何保障和实现村党组织的领导核心和领导地位?如果党组织对村务大事拥有决定权,又该如何保障村委会依法行使自治权?④此外,王同昌还认为,只有构建一整套科学合理的制度、机制,如民主议事机

---

① 白仙畔:《农村基层党组织的政治功能与乡村治理结构问题研究》,《北京农业职业学院学报》,2010年第4期。

② 杨根乔:《充分发挥农村基层党组织带头人在乡村振兴中的作用》,《中州学刊》,2019年第3期。

③ 赵大朋:《城乡统筹背景下村级党组织功能转型问题研究》,华中师范大学博士学位论文,2012年,第118页。

④ 项继权:《乡村关系行政化的根源与调解对策》,《北京行政学院学报》,2002年第4期。

制、选拔培养机制、领导机制等,才能确保党组织的各项工作顺利开展。①

(二)国外研究现状

国外关于领导力的研究较为成熟,虽然目前关于领导力的定义尚未达成统一的概念,但是在研究内容上呈现出从关注个体到关注组织层面的拓展,在研究方法上呈现出从归纳演绎法到实证研究的发展,并且出现了一定的融合。国外关于领导力概念的研究,虽然多种多样,但是关于领导力就是影响力的实质达成了共识。约翰·C.麦克斯维尔指出:"衡量领导力的真正尺度是领导力,领导力的本质就是影响力。"②在领导力概念的诸多论述中,大卫·V.戴、约翰·安东纳基斯的论述揭示了领导力的领导者与追随者的相互关系。他们认为:"领导力的定义可以通过两点来确定,其一,领导者与追随者之间的相互影响的过程,以及产生的结果;其二,通过领导者的性格特征与行为、追随者的认知与特质,以及影响过程发生时的情境来解释该过程。"③随着时代的发展和治理结构的完善,领导力的研究开始由注重组织内领导与成员之间的垂直关系,转向研究组织成员之间的水平关系,进而扩展到整个组织系统中。共享理论注重管理层、团队成员之间相互影响,将领导的影响方式由单一的向下转向向上、向下,或者是平行地形成纵横交错的影响合力,体现在决策层面则为由集体领导决策代替个人决策。④

群体比个体更能客观、理性地看待问题,群体的共同决策能够最大限度地凝聚更多的思路,并且给成员带来公平感和满意感。但是关于影响领导过

---

① 王同昌:《新时代农村基层党组织振兴研究》,《中州学刊》,2019 年第 4 期。

② [美]约翰·C.麦克斯维尔:《领导力 21 法则》,路位军、路本福译,北京时代华文书局,2016 年,第 3 页。

③ [美]大卫·V.戴、约翰·安东纳基斯编:《领导力的本质》,林崇、徐中译,北京大学出版社,2015 年,第 5 页。

④ 赵振洪、赵杰、黄露:《突破个体领导力:组织领导力评估模型的构建与应用——基于南方电网的实践》,《中国人力资源开发》,2018 年第 3 期。

程和机制的研究有待深化和完善。美国创新领导中心认为,组织领导力是一种集体领导能力,包括个体与组织的能力发展、组织制度与文化全面发展的过程。①同时也有研究者认为,当领导被认为是引发组织变革的集体影响过程时,针对领导力的研究就上升到了组织层面。领导理论的发展主要经历了两个阶段,即传统领导阶段和新型领导阶段。传统的领导理论包括关注领导者特征的领导特质理论、关注领导者以任务还是以人为中心的领导行为理论,以及关注领导情境因素的领导权理论。传统的领导理论更多适用于传统垂直式的官僚化的组织结构。

(三)研究述评

村级党组织的领导力建设的已有研究成果较少,主要散见于基层党组织的相关研究成果中,这些已有的研究成果对于本书的研究具有较大的启发意义,通过对现有研究文献的梳理,笔者发现已有研究成果存在以下四个方面的问题:一是理论研究较少,实践研究较多。村级党组织领导力建设是个实践问题,受到了一线工作者的重视,关于村级党组织领导工作的总结,微观的研究较多,这些研究能够立足当前诸如乡村振兴、脱贫攻坚、城乡统筹发展背景下村级党组织领导面临的现实,具有很强的现实性。但是这些研究成果将实践问题上升到理论高度的较少。理论研究的价值在于能够总结实践中的基本规律,并为后续的实践提供指导。

二是研究视角多样,但是视角交叉研究程度不高。党在农村社会工作中处于领导核心地位,吸引了多领域的学者的关注与研究,如以结构功能、社会治理、政治生态环境、组织的视角进行相关研究,丰富了村级党组织领导力的研究方法。但是村级党组织在农村社会中扮演着领导者与治理者的双

---

① 赵振洪、赵杰、黄露:《突破个体领导力:组织领导力评估模型的构建与应用——基于南方电网的实践》,《中国人力资源开发》,2018年第3期。

重角色,意味着村级党组织的领导效能与其社会治理效能息息相关,但是现有的研究中大多是将组织视角与社会治理视角分开研究,尚不能将二者有效结合起来,因此将组织视角与社会治理的视角交叉研究具有现实意义。

三是纵向研究较少,村级党组织的领导力受到了党在农村工作中的领导方式和治理方式的深刻影响,但是现有的研究中往往忽视了纵向的领导合力。

四是已有的关于村级党组织领导力的研究中,关于领导力的构成倾向于其在农村工作中的职责和在农村工作中扮演的角色,还没有从影响方式层面去研究领导力的构成。当然,近年来,随着脱贫攻坚战略与乡村振兴战略的推进,越来越多的学者关注到了党中央层面的领导方式与治理方式对村级党组织的影响,以及群众因素层面的影响。党的十九大之后,越来越多的学者关注到村级党组织的政治领导力、思想引领力、群众组织力和社会号召力,这也是本书进一步研究的方向。

三、研究框架

本书共分为绪论、正文、结语三个部分。绪论主要论述本书的研究意义,系统地梳理理论界关于村级党组织领导力的研究成果。正文部分在分析村级党组织领导力一般理论的基础上,探讨村级党组织领导力建设历史探索过程的主要经验及其重大意义,总结党的十八大以来村级党组织领导力建设取得的成就,深入分析村级党组织领导力建设存在的问题及其原因,重点探讨村级党组织领导力建设的实现路径。结语对全书的主要观点进行回顾和提炼。

正文共分为四个部分:

第一章是一般理论分析部分。这部分对村级党组织领导力概念、构成、特征、评价标准、影响因素进行界定和分析,为村级党组织领导力建设提供理论支撑。本书认为,村级党组织领导力是由政治领导力、思想引领力、群众组织力、社会号召力、组织领导力相互作用形成的系统合力。

第二章是历史沿革和重大意义。建党以来,村级党组织领导力建设经过了新民主主义的形成期、新中国成立后至改革开放前的探索期、改革开放后的持续发展期。其中改革开放后的领导力建设又可分为改革发展、初步发展、巩固完善、全面提升四个阶段。本书在这部分重点探讨改革开放前不同历史时期和改革开放后不同阶段的具体历史经验。

第三章是现状及原因分析。本书着重分析党的十八大以来村级党组织领导力建设取得的成就,以及现阶段部分村级党组织领导力建设还存在的一些问题。从部分村级党组织自身建设不足、部分村党员干部队伍建设不足、少数群众思想道德水平不高、多元治理主体协同不足、部分村集体经济发展不够优化这五个方面分析村级党组织领导力建设存在问题的原因。

第四章阐述加强村级党组织领导力建设的具体路径。这是本书的重点部分。本书根据党的十九大报告精神,结合部分村级党组织领导力发展不足的现象,立足农村经济社会发展的实际,从村级党组织领导力构成的五个要素,提出加强村级党组织领导力建设的五个实现路径。

四、研究方法

研究方法在理论研究中充当桥与船的作用,是理论研究与实践相结合的桥梁。学术的探索、真理的求知、实践的反思都离不开具体的方法和工具,本书的研究方法主要有三个。一是文献研究法。对于马克思主义理论学科来说,文献的收集、梳理与研读尤为重要。村级党组织领导力的研究离不开马克思主义经典著作的梳理,运用马克思主义的立场、方法和观点可以分析基层党组织领导力的提升途径。二是实证研究方法。村级党组织领导力来源于党在农村工作的生动实践，必须要有实证研究。本书通过实地调研和访谈的形式深度了解当前村级党组织领导力不强的影响因素，增强了问题研究的现实针对性与说服力。三是历史分析法。历史分析方法是我们分析现实问题、解决现实问题的基本分析方法，也是我们在解决现实问题中通过借鉴历史的经验和教训少走弯路的捷径。本书通过对村级党组织领导力发展的历史回顾，掌握村级党组织领导的基本经验和一般规律。

五、研究的难点和可能的创新点

（一）研究的难点

本书的研究难点如下：一是经济发达地区与经济欠发达地区的村级党组织所面临的经济、政治、文化、社会环境，以及群众基础等方面的影响因素存在较大差异，从总体上进行共性研究，研究结论可能难以切合经济欠发达地区，尤其是经济欠发达地区软弱涣散的党组织的实际情况。二是从学界既有研究成果来看，关于村级党组织领导的研究在社会治理领域的研究成果较多，而党建研究的成果较少，并且在党建研究成果中大多数都是基于村级党组织自身建设的研究成果，这给本书在相关资料收集中带来了一定的困难。三是村级党组织领导力是一个实践性很强的研究方向，需要进行一线的实际调研，在深入挖掘问题的过程中存在一手资料难以获取的问题。

（二）研究可能存在的创新点

首先，研究视角新颖。本书的研究对象——村级党组织的领导力建设要与乡村振兴战略的总要求"产业兴旺、生态宜居、乡风文明、治理有效、生活富裕"有机地联系起来，让村级党组织及其全体党员干部能树立党建与农村基层社会工作是一个整体、一个系统的思维。

其次,研究观点新颖。本书的研究观点立足理论与实践的结合,能为村级党组织领导力的建设提供理论指导。党的十九大报告首次提出政治领导力、思想引领力、群众组织力、社会号召力,本书在这四力的基础上,将组织领导力纳入其中,形成五力结构。笔者认为村级党组织领导力是由五力形成的系统合力,并且指出群众认同是评价村级党组织领导力建设成效的标准。在原因分析中,本书立足领导情境理论,认为村级党组织是影响领导力建设的组织因素,农村党员干部是影响领导力建设的能动性因素,群众的素质是影响领导力建设的基础因素,乡村治理结构是影响领导力建设的制度因素,村集体经济是影响领导力建设的物质条件因素。

最后,研究问题新颖。本书的研究问题具有鲜明的实践指向性,充分利用了近年来笔者对村级党组织的相关调研经验,以及所掌握的一手访谈资料。此外,本书的研究也充分关照了新时代乡村振兴战略的贯彻和脱贫攻坚战略在基层的落实情况。

第一章
村级党组织领导力的一般理论分析

理论是实践的先导,在实践层面提升村级党组织领导力,离不开村级党组织领导力理论基础的相关研究。村级党组织领导力的理论分析围绕领导力核心概念的基本内涵展开,并根据村级党组的特殊性,从马克思主义领导理论出发,探讨村级党组织领导力的一般理论。

第一节 村级党组织领导力的相关概念

本节主要将领导力视为一个核心的概念,学界已经从不同的角度对领导力进行透视,主要倾向于从领导力是一种能力、领导力本质是影响力以及领导力是领导过程形成的作用力等角度进行探讨。

一、领导力概念的理论分析

当前,由于研究视角的不同,国内外学者对于领导力的定义如下:部分学者认为领导力是一种能力。美国著名学者詹姆斯·库泽斯、巴里·波斯纳修订的《领导力》第 3 版指出:领导力,是领导者如何激励他人自愿地在组织中做出卓越成就的能力。①将领导力定义为一种能力或能力体系,虽然看起来比其他定义更加具体、更能把领导力具象化,但是却让我们难以通过领导力的定义去掌握领导力的实质。因此,越来越多的学者开始关注领导力的实质。如尤克尔认为:"领导是指对他人施加影响,从而使他人理解需要完成的任务以及如何完成任务,并就此达成共识的过程,同时也是促使个人和集体努力实现共同目标的过程。"②该定义主要侧重于领导者对追随者的影响力,体现出领导者与追随者二者之间相互影响的关系。大卫·V.戴、约翰·安东纳基斯指出:"领导力的定义可以根据以下两点来确定(1)领导者与追随者之间的相互影响过程,以及产生的结果;(2)通过领导者的性格特征与行为、追随者的认知与特质,以及影响过程发生时的情境来解释该影响过程。"③该定义较为全面地揭示了领导者与追随者相互影响的过程。既然领导力的本质就是影响力,那么要理解领导力的构成要素就需要正确了解影响力这一术语,并了解其影响方式。美国组织行为学家赫尔雷格尔认为,领导者的影响力根据其来源可以分为五类:一是来源于组织赋予职位的法定权力,二是来源于领导者的奖授权力,三是来源于领导者训诫惩罚能力的强制性权力,四是来源于领导者被下级敬慕的个性魅力和声誉的表率性权力,五是来源于领导者令人敬服的知识和能力的专长性权力。④其中前三种又称为权力性影响力,后两种又称为非权力性影响力。此种分类方法的原因,需要回溯"leadership"与"headship"之间的区别。法定权力、奖授权力、强制权力都是基于职位基础之上获得的"headship",也称为权力性影响力。而表率性权力和专长性权力主要是基于领导者个人的特质所具有的权力,并不是职位赋予的,又称为非

---

① 李昌明:《领导力与造就优秀企业人才》,《经济论坛》,2005 年第 6 期。

② [美]加里·尤克尔:《组织领导学》,丰俊功译,中国人民大学出版社,2015 年,第 8 页。

③ [美]大卫·V.戴、约翰·安东纳基斯编:《领导力的本质》,林崇、徐中译,北京大学出版社,2015 年,第 5 页。

④ 赵莉琴主编:《组织行为学理论与案例》,中国铁道出版社,2011 年,第 209 页。

权力性影响力。事实上,基于职位所获得的"headship"并不一定具备真正的领导权威,因为追随者对领导的认同可能不是自发自觉的,而是迫于对职位权力的恐惧。追随者接受领导,应该是建立在其对领导权威的肯定性的认同基础之上。领导权威的塑造并不是依靠职位的强制性因素。基于非职位权力(非权力性)影响因素建立起来的权威更能赢得人们深度的认同。因此,领导者的影响力应当由非权力性影响因素去塑造,主要侧重于柔性的领导力。

尽管学界对领导力的定义可以说是仁者见仁,智者见智,但是在领导力的本质就是一种影响力这一点上几乎没有分歧。我们可以从以下三个方面加强对领导力的本质就是影响力这一概念的理解。

其一,领导力的关系性。领导力是领导者与追随者相互影响的过程,是领导者与追随者之间的双向影响力。领导者与追随者之间的影响是相互辩证的关系,领导力是领导主体的作用力和领导客体的反作用力相互作用形成的一种力,如果没有领导客体的存在,领导者的领导力就是一句空话。因此作为主体的领导者,其开展领导活动和实施领导行为的落脚点应是追随者的利益诉求,只有满足追随者的期盼诉求,才能真正赢得追随者真心的拥护与支持。

其二,领导力的主体性。领导力的主体性主要表现在领导是主观见之于客观的行为,作为领导的主体具有能动性,将自身的价值理念、行为方式以及目标追求等通过能动性的方式对领导客体进行积极的引导,在引导的过程中将这些要素能动地渗透到客体中,从而在引导的过程中实现对领导客体的积极影响和改变。

其三,领导力的伦理性。"领导力就是正影响力,是积极的影响力,而不是消极的影响力。"[①]这意味着那种不符合社会发展方向的,不符合大多数人

---

① 高兴国:《领导力的本质是影响力——领导力问题研究之三》,《生产力研究》,2013年第1期。

利益取向的消极的、负向的影响力不属于领导力。只有那种代表社会发展方向,并符合大多数人利益的积极的、正向的影响力才属于领导力。

根据上述分析,本书将领导力定义如下:就能力而言,领导力是领导主体将领导意志转化为行为目标的能力,是领导主体的一种能力或能力体系。就实质而言,领导力是指在特定的社会情境下,领导者率领追随者实现共同的目标和愿景,领导者对追随者所施加的,并为追随者自愿接受的正向的、积极的影响力的集合。

在领导力这一概念中,领导者的定义较为宽泛,并非狭义上的个人层面的领导者。领导力分为四类:个体领导力、团队领导力、组织领导力、政治-社会领导力。

个体领导力:个人自我领导的能力,较为关注领导者个人的领导特质、领导行为、领导技能对领导效能的影响,是强大的领导者个人通过不断提升自身的能力素质和人际交往能力,进而影响他人、带动他人的能力。

团队领导力:个人领导团队的能力,强调个人在团队中所扮演的角色对团队的领导能力,主要是指团队的带头人凝聚团队中的个人实现领导目标的能力。其中团队中的带头人运用成员对组织的忠诚度、成员之间的合作度、组织中的人力资源的能力成为关注的对象。

组织领导力:团队领导组织的能力,侧重于组织结构、组织关系对于领导效能的影响,即领导集体如何通过组织制度和组织关系凝聚组织中不同层级和同一层级的不同组织实现共同目标的能力。

政治-社会领导力:组织领导公众的能力。处于这一层级的领导力,组织不是靠组织制度体系来影响公众,而是依靠组织倡导的价值观念、组织的形象、组织的个体领导力和带头人的领导魅力去影响公众的能力。它所关注的是领导力如何转化为影响社会和民众的公共力量。[1]

---

① 刘建军编著:《领导学原理》,复旦大学出版社,2014年,第15页。

前三个层面的领导力主要是局限在组织内部,强调组织的对内领导。而政治-社会层次实际上是指领导力突破组织的边界,从组织内部的领导扩展到对社会、民众的外部领导,强调更大范围的影响力。值得注意的是,这四个类型的领导力之间的关系是递进的,个体领导力是其他三类领导力形成的基石。

二、村级党组织领导力概念的理论分析

党的十九大报告中提出中国共产党领导力的概念,但并未对领导力给出明确具体的定义。因此,理解村级党组织领导力的内涵,需要从学理性的角度出发,以马克思恩格斯的经典论述为指导,立足村级党组织的基本任务和职责范围的界定,借鉴西方领导力相关理论的合理成果,界定村级党组织领导力的内涵。

马克思恩格斯虽然没有直接明确的关于基层党组织的论述,但是从马克思恩格斯关于共产主义者同盟的论述中我们可以找到关于基层党组织的职责和作用的论述。在1847年通过的《共产主义同盟章程》第五条明确指出同盟的组织结构是由支部、区部、总区部、中央委员会和代表大会组成。这里同盟的支部指的就是党的"基层组织",明确同盟的支部的主要任务是进行科学理论宣传,促进科学理论与工人运动的结合。随着革命形势的发展,尤其是欧洲大陆资产阶级革命的爆发,同盟支部在革命中的作用开始凸显,马克思恩格斯进一步认识到支部在影响农民阶级各群众组织中的价值,他们强调"应该使自己的每一个支部都成为工人协会的中心和核心"[1]。列宁在领导俄国十月革命的实践中,根据革命形势的发展,不断强化党的基层组织建

---

① 《马克思恩格斯选集》(第一卷),人民出版社,2012年,第558页。

设，要使党始终能够将各种各样的合法工人团体和群众组织团结在自身周围，使党的基层组织成为在群众中进行鼓动工作、宣传工作和实际组织工作的据点。

从党章和党内相关制度来看，《中国共产党农村基层组织工作条例》规定"乡镇党的委员会（以下简称乡镇党委）和村党组织（村指行政村）是党在农村的基层组织"。本书的村级党组织主要是指行政村党组织。关于村级党组织的职责和作用，《中国共产党章程》第三十三条规定："街道、乡、镇党的基层委员会和村、社区党组织，领导本地区的工作和基层社会治理，支持和保证行政组织、经济组织和群众自治组织充分行使职权。"《中国共产党农村基层组织工作条例》第二条规定："乡镇党的委员会（以下简称乡镇党委）和村党组织（村指行政村）是党在农村的基层组织，是党在农村全部工作和战斗力的基础，全面领导乡镇、村的各类组织和各项工作。必须坚持党的农村基层组织领导地位不动摇。"《中华人民共和国村民委员会组织法》第四条规定："中国共产党在农村的基层组织发挥领导核心作用，领导和支持村民委员会行使职权。"结合上述领导者范围层次的划分，村级党组织的领导力从属于政治-社会层次，强调对群众及农村中的各类组织的影响力。

如前所述，马克思主义经典作家并没有对基层党组织的领导力给出明确的定义，但却明确了基层党组织的领导作用，以及相关的领导对象，强调党支部对群众和群众组织的影响力。西方学者虽然明确领导力的概念，但是其领导的主体与村级党组织之间具有本质的区别，村级党组织是一种政治组织，其影响方式与一般组织有很大区别。因此，立足中国农村的实际，结合村级党组织的基本任务和职责，才能更有效地明确村级党组织领导力的概念和构成。

冯秋婷认为："党的领导力特指作为国家和民族领导力量的中国共产党对党和国家各类组织、各项事业主动施加影响而发生的一系列正向的、积极的变化。"①领导力是能力素质的集合,其实质就是影响力。村级党组织的领导力可理解为,就能力而言,是指处于农村社会关系中的村级党组织,在特定的情境下引领群众及农村中的各类组织推动社会发展所需要具备的各种能力素质的集合;就实质而言,是指村级党组织对群众及农村中的各类组织所主动施加的,并被群众和各类组织所接受的正向的、积极的影响力。

村级党组织的领导力包含两个层面的内容:一是村级党组织对群众的影响力。毛泽东在《在中国共产党第七次全国代表大会上的口头政治报告》中明确地告诫全党:"所谓领导权,你总要有一个东西去领导,有被领导者才有领导者,有被领导者才发生领导的问题。"②这里的被领导者主要是指人民群众。村级党组织对群众的影响力取决于群众对党的执政理念的认同程度,取决于群众对村级党组织服务的质量的满意程度,也取决于群众对党员和村干部能力素质的认同程度。从这个意义上讲,村级党组织领导力的实现过程,是党的执政理念被群众认同的过程,是村级党组织不断完善自身的领导方式和工作方式满足群众需求的过程,也是村级党组织对群众实行思想政治教育和再组织的过程。二是村级党组织的领导对农村社会各类组织的影响力。农村社会改革的不断推进,为乡村社会中各类组织的发展创造了环境,一方面村庄中原有的家族组织、宗教组织等得到了恢复与发展,另一方面各种经济组织、合作社组织、协会等民间组织开始出现,这些组织都会对乡村的发展带来积极的或消极的影响。村级党组织要充分发挥在农村社会中的领导功能,通过加强政治领导和思想领导,引导村级合作组织积极发展,依法加强对村庄宗教组织或宗族组织的正确引导,充分发挥村民代表大会、村民小组的作用,引导专业协会、民间社团的发展,有助于村级党组织团结一切可以团结的力量,增强自身的领导力。

---

① 冯秋婷:《新时代中国共产党领导力专题研究》,《中国井冈山干部学院学报》,2019 年第 3 期。

② 《毛泽东文集》(第三卷),人民出版社,1996 年,第 308 页。

第二节　村级党组织领导力的构成要素和作用机理

村级党组织的领导力是一种能力体系的集合，那么村级党组织领导力究竟由几种能力相互构成，是本节内容的核心。村级党组织的领导力主要是由政治领导力、思想引领力、群众组织力、社会号召力、组织领导力五个要素构成，是这五力相互作用形成的合力。

一、村级党组织领导力的构成

党的十九大报告指出："要不断增强党的政治领导力、思想引领力、群众组织力、社会号召力，确保我们党永葆旺盛生命力和强大战斗力。"学界对党的领导力的研究开始转向这"四力"。领导力一词开始与中国共产党组织相联系，并成为学者们关注的热点，对中国共产党领导力的研究开始升温。实际上，党的十九大报告中所界定的政治领导力、思想引领力、群众组织力、社会号召力这四个力都体现了领导力的因素，也是当前研究领导力所要关注和解决的问题。①加之村级党组织的自我领导是领导力建设的内在因素。笔者认为，村级党组织的领导力主要包括政治领导力、思想引领力、群众组织力、社会号召力、组织领导力。

---

① 苗贵安：《延安时期中国共产党领导力研究》，中共中央党校博士学位论文，2019 年，第 25 页。

（一）政治领导力

政治领导力主要体现在对政治路线、政治原则、政治方向的影响力。村级党组织作为马克思主义政党的基层组织,体现了马克思主义政党的政治属性,政治属性是其标志性的特征,失去了政治领导力,村级党组织的领导力建设就失去了应有的价值和意义。关于党的政治领导力,马克思恩格斯特别强调无产阶级性质问题,他们认为共产党区别于其他政党在于无产阶级的性质,即"共产党人是工人阶级中最优秀、最觉悟的,在革命斗争中最坚决、始终起推动作用的先进分子"[①]。"他们没有任何同无产阶级的利益不同的利益。"[②] 无产阶级的政治先进性要求其组织成员必须从政治上看问题,其政党必须是讲政治的政党。列宁指出无产阶级政党要从"政治上正确地看问题"[③],从政治的高度看待无产阶级的政治理想、政治信念、政治纪律。恩格斯认为工人阶级的政党应该有"自己的目的和自己的政治"[④],无产阶级政党的政治纲领体现了党的性质,表达了党的指导思想、政治主张和奋斗目标。因此,无产阶级政党的政治领导力体现为贯彻落实政治纲领,执行路线、方针政策的政治能力。

新时代党的建设的总目标要求中明确提出要以"政治建设为统领",加强村级党组织的政治领导力,一是要凸显村级党组织的政治属性。2019 年 1 月 31 日,《中共中央关于加强党的政治建设的意见》指出:"政治属性是党组织的根本属性,政治功能是党组织的基本功能。"[⑤]提升村级党组织的领导力要强化"四个意识",维护"两个核心",要确保村级党组织始终与党中央保持

① 马克思、恩格斯:《共产党宣言》,人民出版社,1997 年,第 7 页。

② 《马克思恩格斯选集》(第一卷),人民出版社,1995 年,第 285 页。

③ 《列宁选集》(第四卷),人民出版社,2012 年,第 408 页。

④ 《马克思恩格斯文集》(第三卷),人民出版社,2009 年,第 225 页。

⑤ 《中共中央关于加强党的政治建设的意见》,《前进》,2019 年第 3 期。

一致。二是要站稳人民的政治立场,提高把握大政方针政策的能力,提高执行方针政策的政治能力。只有站稳人民利益本位的政治立场,根据党中央的方针政策因地制宜地制定出本地方发展的路子,才能确保农村社会发展的方向。三是加强村级党组织的政治领导力要求村级党组织和党员要强化政治意识和坚定政治立场以及遵守党的政治纪律,提升政治能力,建设政治文化。

(二)思想引领力

思想引领力,是指村级党组织在凝聚党员和群众思想方面的影响力,是村级党组织用党的理论和马克思主义的意识形态教育和武装党员和群众,统一思想的能力。马克思、恩格斯非常重视思想引领的作用,重视运用科学的理论指导无产阶级政党革命运动。正如他们指出:"历史上的思想和活动都是'群众'的思想活动。"[1]因此,共产主义同盟的各个基层组织要通过联系合法的群众组织,公开宣传科学的社会主义力量,唤醒人民群众的阶级意识、斗争意识,推动工人运动与科学理论的结合,加强对人民群众的思想宣传工作。马克思、恩格斯认为:"理论一经掌握群众,也会变成物质力量。"[2]科学的理论与工人运动相结合,就会释放出巨大的物质力量,推进革命运动的发展。列宁认为群众的力量是获得革命力量的关键,是革命取得胜利的坚实基础。社会主义民主党的任务,就是要提高群众的觉悟,他指出:"一个国家的力量在于群众的觉悟。只有当群众知道一切,能判断一切,并自觉地从事一切的时候,国家才有力量。"[3]列宁认为要保证党对革命有效正确的领导,教育群众,让群众自觉接受党的思想领导,这样思想的力量才能转化为强大

---

① 《马克思恩格斯文集》(第一卷),人民出版社,2009年,第196页。

② 《马克思恩格斯选集》(第一卷),人民出版社,2012年,第9页。

③ 《列宁选集》(第三卷),人民出版社,2012年,第347页。

的群众力量。毛泽东指出:"掌握思想领导是掌握一切领导的第一位。"①

思想政治工作是一项人心工作,思想政治工作做到位、做深刻了,人心就会凝聚。思想引领力主要是强调思想在塑造政治信念方面的力量。政治信念和政治价值能够为村级党组织的领导提供深层次的价值支撑,政治信念一旦具有一定的稳定性,形成一种价值观,便能规范人们的行为。而群众政治信念的养成需要村级党组织充分发挥思想教育的功能,将马克思主义的政党价值观内化为群众的政治信念和政治信仰。

(三)群众组织力

群众组织力是指村级党组织将一定范围内的村民聚合起来形成有机的整体,以采取一致行动最终实现共同目标的能力。群众组织力的大小反映的是群众对村级党组织的向心力,以及村级党组织对群众的吸引力。当村级党组织对群众的吸引力和向心力越强,村级党组织的群众基础越坚固,领导力就会越强。在列宁看来:"把千百万劳动群众组织起来,……这是革命取得胜利的最深的泉源。"②在他看来,革命成果的大小和革命的彻底程度,同发动群众的广度和深度成正比。在此基础上,列宁进一步指出,"工人阶级的力量在于组织。不组织群众,无产阶级就一事无成"③。历史观之,中国共产党通过星罗棋布、组织严密的村级党组织网络体系将群众组织、动员起来,并通过发挥农村党员的先锋模范作用,创新群众工作的方式方法,密切党群关系。将群众组织起来,党组织要加强与群众之间的联系,要密切党群关系和干群关系,列宁十分注重保持与群众之间的密切联系,在他看来:"最严重最可怕

---

① 《毛泽东文集》(第二卷),人民出版社,1993年,第435页。
② 《列宁选集》(第三卷),人民出版社,2012年,第709页。
③ 《列宁全集》(第14卷),人民出版社,1988年,第121页。

的危险之一,就是脱离群众。"①所以列宁非常注重加强党与人民群众之间的联系,要求所有的党组织都要做到密切联系群众、依靠群众,并告诫广大党员干部要防止官僚主义。列宁要求广大党员干部要善于"同非无产阶级劳动群众联系、接近,甚至可以说在某种程度上同他们打成一片"②。

加强与群众之间的密切联系,要充分发挥党员的带头作用,通过党组织和党员先锋模范作用的发挥,影响更多的群众,先锋队只有当他不脱离群众、保持与群众之间的密切联系时,才能始终引领人民前进,并完成其历史任务。党组织要加强与群众之间的联系,还要善于表达并实现群众的利益诉求。因为不同阶层和不同群众之间的利益诉求是不同的,他们之间最关心的利益也是不同的,作为党的基层组织要及时了解他们的利益诉求,要善于表达他们的利益诉求,尽可能地为他们谋取他们最关心的利益,这样才能实现对人民群众的领导。

(四)社会号召力

社会号召力是团结一切可以团结的力量,实现乡村社会共治共享的能力。郁庆治认为,"一般来说,一个政党尤其是执政党的社会号召力,是它针对社会中不同群体、阶层和力量的社会政治动员能力,也就是能把各不相同的社会群体、阶层和力量围绕着某种价值理念、政治目标和社会愿景团结起来并付诸行动的能力"③。社会号召力实质上反映的是党组织与其他各类组织的关系,马克思、恩格斯强调基层党组织要充分发挥联系、领导社会公众和其他工会组织的中枢作用,动员其他组织参与到革命中来。这一思想在马克思、恩格斯为"第一国际"起草的条例章程中得到体现。马克思、恩格斯在

---

① 《列宁专题文集·论无产阶级政党》,人民出版社,2009年,第343页。

② 《列宁选集》(第四卷),人民出版社,2012年,第136页。

③ 《新时代,怎样增强党的社会号召力——对话相关专家学者》,《人民日报》,2017年11月22日。

与非无产阶级流派的斗争中进一步明确,"所有支部的专门任务,毫无疑问是不仅要成为工人阶级的组织中心,而且要支持各国的任何一种有助于达到我们的最终目标——工人阶级的经济解放——的政治运动"①。列宁不仅意识到党的基层组织在密切联系群众个体中的重要性,还认识到要加强党的基层组织与工会、青年团等社会上的革命组织之间的联系,通过建立组织间的联系,扩大党组织的影响力。只有不断加强党支部与其他革命组织之间的联系,才能最大限度地调动革命的力量。由此可见,村级党组织与农村社会的群众组织和社会组织之间的关系处理得越好,村级党组织的社会基础就越强,村级党组织的领导力也就越强。反之,如果村级党组织缺乏社会基础,其领导力就会弱化。

当前,在农村中,组织形式较为多样,除了村级党组织以外,还有村民委员会、村集体经济组织、农业合作社组织、乡贤理事会等。村级党组织要充分发挥领导核心作用,通过充分发挥村民自治的功能、社会协商的功能,通过运用乡村社会的德治资源和法治资源,将不同利益主体和阶层凝聚起来,团结一切可以团结的力量,推动乡村社会共治。村级党组织要充分发挥领导核心作用,提高利益协调的能力,在村民自治、德治、法治中找到最佳的结合点,②做到既要依法治村,又要适应民俗、照顾村民的利益诉求,团结一切可以团结的力量,实现社会共治。

(五)组织领导力

组织领导力主要是指村级党组织对组织内部的领导力。马克思恩格斯十分注重建立严密的组织体系,认为"任何政党没有组织都是无法存在的"③。

---

① 《马克思恩格斯全集》(第16卷),人民出版社,1964年,第483页。

② 肖长春、郑传芳:《提升村级党组织组织力:理论、现实与实现路径》,《江西财经大学学报》,2019年第4期。

③ 《马克思恩格斯全集》(第12卷),人民出版社,1998年,第519页。

列宁认为:"无产阶级在争取政权的斗争中,除了组织,没有别的武器。"①列宁看到了严密的组织体系是无产阶级取得革命胜利的组织保障,也看到了基层党组织作为党的严密组织体系的组成部分,在团结革命力量、联系群众中的作用。由此可见,加强村级党组织的自身建设,为领导力建设提供组织保障包括三个方面:

一是加强组织领导力。村级党组织只有实现党内的团结统一,把自身建设成为一个有战斗力的团队,其领导力才能具有个体所不具有的领导力,才能发挥出党组织领导的优势。只有实现党内的团结统一,党才具有统一意志、统一行动、统一纪律,才能真正成为有组织的力量。对此,列宁深化了对批评与自我批评的认识,他认为只要我们能够勇于正视、承认错误,并敢于及时改正错误,使无产阶级政党更加坚强有力,就能推动无产阶级事业向前发展。在加强党内团结统一的过程中,列宁注重运用民主集中制作为巩固党的团结统一的制度保障。列宁强调要把民主集中制作为无产阶级政党所要遵循的根本原则,"实行民主集中制使俄国布尔什维克党变成'有组织的党'"②。民主集中制使得党能够实现组织上的统一,民主集中制一旦建立,将会使得无产阶级政党的领导权威得到维护。此外,列宁将是否拥有铁的纪律视为俄国布尔什维克党是否具有凝聚力、领导力的主要标志,没有铁一般的纪律,就没有铁一般的组织。

二是充分发挥村级党组织带头人的领导力。从广义上讲,村级党组织的带头人队伍主要是指村级党组织的党支部书记和"第一书记"。村级党组织带头人在发挥村级党组织领导作用的过程中处于核心地位,在一定程度上决定了村级党组织领导作用发挥的效果。

三是充分发挥党员个体的领导力。村级党组织的领导,关键在组织,核

---

① 《列宁选集》(第一卷),人民出版社,1995 年,第 526 页。
② 《列宁全集》(第八卷),人民出版社,1986 年,第 366 页。

心在人。人才是实现领导的最为能动的关键因素。一般而言,村级党组织的领导力需要发挥一个个农村党员的领导力。对于村级党组织而言,提高党员队伍的素质和能力，发挥党员队伍的先锋模范作用,有利于塑造良好的党风,增强领导力。关于如何处理好这三个层面的关系,比较有代表性的观点是创新领导中心(CCL)的观点——提高组织领导能力的最有力途径就是推进集体综合能力的发展,它包括促进领导者个人的发展、集体的发展、组织制度与组织文化的发展。①因此,提升组织领导力主要在于提升党员、带头人队伍的个体领导力,促进组织团结统一的领导力、促进有利于领导的组织制度和组织文化的发展。

二、村级党组织领导力的作用机理

村级党组织的领导力主要包括政治领导力、思想引领力、群众组织力、社会号召力、组织领导力,这五力之间是相互联系、相互促进的关系,任何一个力的弱化都会对其他四个力带来不利的影响。其中政治领导力是统帅,思想引领力是灵魂,群众组织力是重点,社会号召力是体现,组织领导力是基石。如图 1-1 所示:

---

① 文茂伟:《"组织领导力发展"内涵探讨》,《外国经济与管理》,2011 年第 12 期。

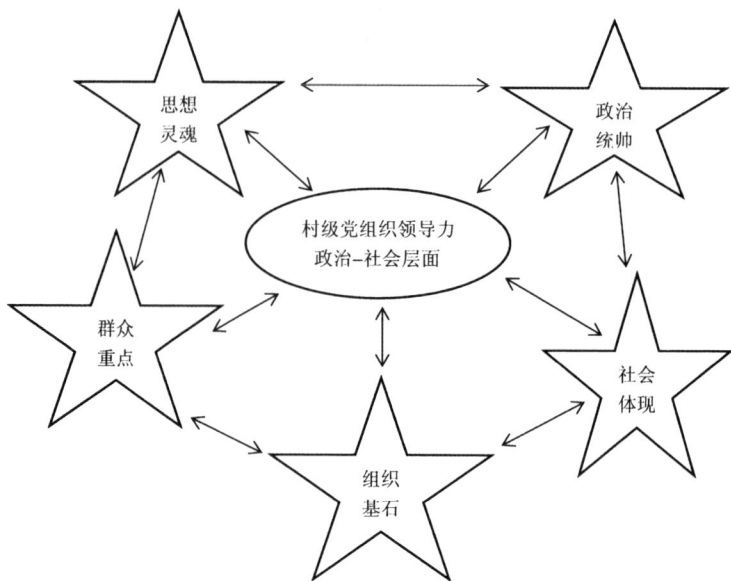

图1-1 村级党组织领导力的五力作用图

一是政治领导力在村级党组织领导力建设中起到一个统领的作用,政治领导力是统帅,主要体现为其解决根本问题、方向问题、重大问题、原则问题。[①]政治领导力是村级党组织领导力建设最本质的特征,失去政治领导力,村级党组织领导力建设将会失去应有的价值,将会使领导力建设迷失方向。

二是思想引领力是村级党组织领导力建设的灵魂,它能够为村级党组织的合法性地位提供合理的解释,并为乡村社会确立一个社会主义核心价值体系,凝聚群众多元的社会价值取向,形成对马克思主义主流意识形态的信仰,能够增强群众对村级党组织的价值认同,增强社会的凝聚力。思想引领力不仅彰显了村级党组织的价值取向,也能够为村级党组织加强自身的建设指明方向。

三是群众组织力是村级党组织领导力建设的重点,村级党组织的领导

---

① 冯秋婷:《新时代中国共产党领导力专题研究》,《中国井冈山干部学院学报》,2019年第3期。

力量主要来源于人民,人民才是推动社会发展的主体力量,村级党组织通过密切联系群众、满足群众的利益诉求,将广大群众组织起来,村级党组织的领导力才能具有深厚的群众基础。

四是社会号召力是村级党组织领导力建设的体现。社会号召力是村级党组织充分发挥在乡村治理体系中的领导核心作用,调动一切可以调动的力量,团结一切可以团结的力量,调动乡村社会的多元社会组织、群众积极参与的积极性,实现乡村社会的共治共享。村级党组织的社会号召力很好地发挥了制度领导的作用,实现了乡村社会多元治理力量的合作,体现了较为高超的领导能力和领导艺术。

五是组织领导力是村级党组织领导力的基石。组织领导力是村级党组织的自我领导力,组织领导力包括党员个体的领导力、带头人队伍的团队领导力和组织领导力三个层面,是村级党组织能够具有强大领导力的基础。

第三节　村级党组织领导力的特点和评价标准

村级党组织领导力作为村级党组织加强自身建设的重要方面,已经受到学者和实践者的关注。为此,了解村级党组织领导力的特征与评价标准,有助于更好地加强村级党组织领导力建设。

一、村级党组织领导力的特点

领导力的一般性质与村级党组织的特殊性质相结合,使得村级党组织的领导力具有如下特征。

(一)村级党组织领导力具有基础性

领导力是村级党组织在农村社会中发挥领导核心作用的前提和基础，如果村级党组织的领导力不强，或是甚至失去了领导力，村级党组织将会谈不上对农村社会的领导，村级党组织也难以始终保证其在农村社会中的领导地位。领导力处于基础性的地位是每一个村级党组织都应该注重的，正如马克思指出："不是人们的意识决定人们的存在，相反，是人们的社会存在决定人们的意识。"[①]要使农民群众接受村级党组织在农村社会中的率先地位和领导地位，村级党组织及其党员首先要具备领导力，要在领导行为中体现强有力的领导力。

(二)村级党组织领导力具有互动性

村级党组织领导力具有互动性是指在领导过程中，既要强调村级党组织及其党员的主体性，又要强调作为被领导者群众及其他各类组织的主体性。村级党组织的领导力就是村级党组织对群众以及其他社会组织的影响过程，是村级党组织与群众和其他各类组织的双向影响力。村级党组织的领导力包含了村级党组织对群众及其他各类组织的作用力，以及群众及其他各类组织对村级党组织的反作用力，它们之间是辩证统一的关系。因此，村级党组织要提升领导力，既要加强自身建设，又要充分激发群众及其他各类组织的积极性和能动性，密切党群关系。

(三)村级党组织领导力具有整体性

村级党组织的领导力具有整体性，强调村级党组织是一种集体领导。综

---

① 《马克思恩格斯选集》(第二卷)，人民出版社，1972年，第82页。

观世界政党的发展史,人们评价一个政党领导力的强弱、判断一个政党的性质,从来都不是基于政党的个别党员的表现,而是从党员群体的整体上判断其行为。对于村级党组织领导力建设也是同理,一个村级党组织的领导力建设,靠的不是极少数先进党员的领导力,而是党员队伍整体的领导力。只有村级党组织建设一支结构优良、作风过硬、本领高强的党员队伍,才能真正体现村级党组织的领导力,才能始终得到群众的衷心拥护与支持。

(四)村级党组织领导力具有发展性

领导力要随着实践的发展而不断发展,要不断适应变化的领导环境。村级党组织不能满足于在一时一事上赢得群众的支持。村级党组织领导力的提升也不是一日之功。事实上,人民群众的信赖和支持是村级党组织长期以来在领导活动中表现出来的领导力。一个村级党组织,一开始领导力很强,并不意味着永远都具有强有力的领导力。村级党组织要始终赢得群众的支持与拥护,就要不断地加强自身的领导力建设,要实现领导力方方面面的创新与发展。如群众组织力就需要村级党组织能够根据环境的改变、村民结构的转变,不断找到与群众之间的利益结合点,不断创新服务方式,满足群众的利益诉求。光凭老本,不求思变的思想是不可取的,也是难以长久维持群众组织力的。因此,村级党组织领导力建设要顺应时代发展,不断与时俱进,创新发展。

二、村级党组织领导力的评价标准

村级党组织的领导力不是抽象的,而是具体的,作为评价主体的人民群众往往能够通过组织形象的感召度、价值的共识度、利益的实现程度、社会的发展程度这四个方面对村级党组织的领导力进行评价和判断。

（一）组织形象的感召度

村级党组织在领导基层治理的过程中，通过塑造良好的组织形象，增强其公信力，获取群众对村级党组织的信任、对党组织贯彻党中央路线方针政策的支持与认同。村级党组织的形象是群众判断一个组织是否能够代表其利益诉求、是否能够满足其组织期待的最直观标准。在差序格局的乡土社会中，群众受到中国传统文化的影响极深，更加强化了农村党员队伍道德品行的重要性，如果没有农村党员队伍自身的良好道德、品行，就难以塑造党组织良好的组织形象，难以获得群众的高度认同。从国共两党的历史可以看到，一支具有道德影响力的党员队伍，对于塑造群众的政党认同往往具有正向作用；反之，一支道德败坏的党员队伍，往往会导致执政党丧失领导权。因此，村级党组织要提升领导力，要加强自身建设，加强党员干部的作风建设，通过优良的党风赢得群众的支持与拥护。

（二）价值的共识度

马克思主义意识形态承载着村级党组织的价值体系，在凝聚群众的政治共识方面发挥了"水泥"作用，能够塑造群众的政治信念和政治信仰。村级党组织要有效地领导人民群众，其领导理念是赢得群众支持的最为持久的、内在的力量。从这个层面来说，村级党组织在领导活动中所秉承的"全心全意为人民服务"的价值导向，以及由这种价值导向所引发的领导思路、领导行为等都必须有利于增进党群关系。如果村级党组织及其党员出现损害人民群众利益的行为，存在滥用权力的行为，不仅会影响党群关系，还会引发群众对党组织价值取向的怀疑。因此，知行合一、言行一致方能取信于民，真正凝聚群众的价值共识。

(三)利益的实现程度

在马克思看来,人们所奋斗的一切都与利益直接相关。[①]农民的政治行为从根本上是受其利益决定和制约的。农民能够接受村级党组织的领导,认同其领导地位,根本的出发点在于农民能够在村级党组织的领导下实现某种利益追求。并且这种利益如果与农民的生活越接近,农民对它的追求就会越迫切,那么组织的吸引力就会越强。"农民由于传统自然经济养成的习惯,轻易不相信各种许诺,必须有看得见的利益才愿为之奋斗。"[②]因此,提高群众的认同度,村级党组织要致力于给农民群众带来实实在在的利益,满足群众的利益诉求。

(四)社会的发展程度

村级党组织要想获得较高的领导力,必须不断提升其领导绩效,推动农村社会的发展,同时兼顾社会公平,使得广大人民群众能够享受社会发展的成果。坚持发展成果由人民共享,人民群众对党组织的满意度就会提高,其领导力也会相应提高。正如刘炳香认为,党对群众的吸引力越大,党推动社会全面协调发展的成效越大,说明党的执政能力越强,党的执政能力建设成效越好。[③]这是因为村级党组织有效地推动乡村社会的发展,实现了社会发展的目标,是村级党组织扩大对群众的影响、持续赢得群众支持与拥护的关键。

---

① 《马克思恩格斯全集》(第一卷),人民出版社,1956年,第82页。
② 孙津:《中国农民与中国现代化》,中央编译出版社,2004年,第54页。
③ 刘炳香:《中国共产党执政能力建设研究》,中共中央党校博士学位论文,2004年,第125页。

第四节　影响村级党组织领导力的因素分析

确定影响村级党组织领导力的分析维度，是本书在理论基础部分需要分析和解决的问题。由于村级党组织的领导力是由五力相互作用形成的系统合力，因此本节将村级党组织的领导力看成一个整体系统，分析影响村级党组织领导力建设的因素。根据领导理论，村级党组织领导力受到主体因素、客体因素、环境因素、制度因素的影响。

一、领导理论中关于影响领导行为的因素研究

在 20 世纪六七十年代，研究者们为了更为精确地对领导的效能和领导的影响作出解释，从对局限在领导者特质和领导者行为因素的探讨，转向了对领导情境因素的探讨。领导情境理论认为，领导者、追随者与领导情境之间的相关程度决定了领导活动的效能。情境理论分离出了一些情境因素，认为领导的有效性依赖于情境因素。一般来说，学者们关注情境因素中的制度、文化、氛围因素，以及经济社会环境要素。领导情境理论的发展经历了注重领导者与追随者之间的匹配"因人而变"，到注重领导者与领导情境的"因需而变"，再到注重三者需要相互匹配的"因境而变"。[①]领导情境理论突破了传统以领导者为中心的研究范式，注重情境因素和追随者因素在领导过程中的作用，认为领导者可以优化领导情境影响追随者。代表性的理论有领导权变理论、路径–目标理论、领导生命周期理论、领导者–参与模型及服务型

---

① 刘峰：《领导科学与领导艺术》，高等教育出版社、北京大学出版社，2014 年，第 97 页。

领导理论,具体见表 1-1。保罗·赫塞和肯尼思·H.布兰查德的领导生命周期
理论认为,领导行为的有效性取决于下属的成熟度,而下属成熟度需要经历
不成熟到成熟的生命周期过程。罗伯特·豪斯的路径-目标理论认为领导者
的领导方式的选择要关注追随者的特征和情境的特征。服务型领导理论的
概念由罗伯特·格林里夫首次提出,服务型领导理论以追随者为核心,认为追
随者是首要关注的对象。服务型领导是指通过关注追随者而成为领导的人。

表 1-1　领导情境理论及其内容[①]

理论依据	缘起时间	代表人物	代表观点
领导生命周期理论	20 世纪 60 年代	保罗·赫塞和肯尼思·H.布兰查德	领导行为的有效性取决于下属的成熟度,有效的领导要通过判断下属的成熟度而选择相应的领导行为,而下属的成熟度会经历一个由不成熟到成熟的类似生命周期的过程
路径-目标理论	20 世纪 60 年代	罗伯特·豪斯	领导者应该通过为下属指明并帮助其建立实现目标的路径来实现领导活动的目标
领导权变理论	20 世纪 60 年代	费雷德·菲德勒	不能孤立地研究领导者与追随者之间的关系,还应该把与领导活动有关的其他因素和领导情境考虑进来
服务型领导理论	20 世纪 70 年代	罗伯特·格林里夫	强调服务型领导的目的在于通过服务追随者和提升追随者

二、影响村级党组织领导力建设的因素

根据领导情境理论,影响领导行为的要素主要包括领导者的主体因素、
追随者的客体因素、环境因素、制度因素。领导力的实现、维持和发展主要是

---

① 李震:《中国共产党组织领导力研究》,中共中央党校博士学位论文,2019 年,第 55 页。

靠领导主体因素来实现。追随者的客体因素是领导力实现、维持和发展的基础性因素。其中,领导主体和领导环境是相互作用、相互影响的,正如领导主体在适应环境的同时,也能对环境产生巨大的反作用,正如戴维·伊斯顿所指出的"处于环境之中,本身受到这种环境的影响,又对环境具有反作用"[1]。领导主体适应环境的能力越强,对环境的反作用力就越强,领导力也越强。

(一)影响村级党组织领导力的主体因素

组织是由不同的要素通过一定的规则使其成为相互联系的系统,而通过要素的集合所形成的组织也具备了单个要素所不具备的功能。组织一般指人们为实现特定的目标、按照一定规则秩序和结构形式建立起来的可以互相协作联合而成的集体或团体, 一般包括以下几大要素:稳定的组织成员、组织制度、组织结构。因此,影响村级党组织领导力的内部因素主要有党员队伍、组织结构、组织纪律因素。

一是党员队伍因素。党员队伍是村级党组织的核心,也是村级党组织开展领导活动的主体。党员队伍的数量、质量、结构对于村级党组织的领导力建设至关重要。村级党组织的党员队伍主要包括带头人队伍和普通党员队伍。村级党组织带头人队伍是村级党组织领导班子中的"班长",村级党组织领导核心作用的发挥与农村党员带头人队伍息息相关。党的十八大以来,习近平总书记关于加强农村党员带头人队伍建设的重要论述中指出, 把好入口关是村级党组织带头人队伍建设的关键, 加强教育培养是村级党组织带头人队伍建设的重要环节, 从严管理是村级党组织带头人队伍的坚实基础,监督执纪是村级党组织带头人队伍建设的重要手段。针对普通党员干部队伍,村级党组织要把好入口关,加强教育管理,提高党员建设的质量。

---

① [美]戴维·伊斯顿:《政治生活的系统分析》,王浦劬等译,华夏出版社,1999 年,第 21 页。

二是组织结构因素。组织结构是组织存在和发展的载体,在组织的活动中,组织结构体系明确了组织不同层级的权责划分,是组织实现良好运转的制度保障。合理的组织结构体系,能够提升组织实现组织目标的效率。村级党组织作为一种正式的组织结构,在纵向层面的组织体系是典型的科学制组织结构,自上而下地分别由"党中央—地方党委—基层党委—党总支—党支部"构成。对于村级党组织的领导力而言,组织结构的合理和优化能够促进党组织之间的团结协作,实现上情下达和政令畅通。

三是组织纪律因素。村级党组织加强纪律建设的重要意义在于规范党员的行为,实现党员行为上的统一。党的纪律是党的各级组织和全体党员必须遵守的行为规则。党的纪律对于塑造优良的党风、营造风清气正的党内政治生态环境具有重要作用。《中国共产党纪律处分条例》将党的纪律划分为政治纪律、组织纪律、廉洁纪律、群众纪律、工作纪律、生活纪律六个方面,为党员干部开展领导活动明确提出了能不能为的行为标准;将党员的纪律处分分为警告、严重警告、撤销党内职务、留党察看、开除党籍五种;对党组织的处分分为改组和解散两种。加强党的纪律建设是村级党组织提高领导力的重要制度保障,是村级党组织适应现代乡村治理体系中法治要求的需要。

(二)影响村级党组织领导力建设的客体因素

村级党组织领导的主要对象是村民和多元社会组织,了解村民的构成状况和社会组织的发展情况对于村级党组织领导力的提升至关重要。

一是村民的构成情况。当前,我国村民的社会结构日益复杂化,贺雪峰根据农户与土地的关系和经济状况,将取消农业税后的农村阶层分为五种类型:第一种是脱离土地的农民阶层;第二种是半工半农阶层,指家庭中既有人外出务工,又有人在家务农,以务工为主、务农为辅的农民;第三种是在乡兼业阶层;第四种是普通农业经营者阶层;第五种是农村贫弱阶层,指既无劳动力外出务工,又只有很少耕地,家庭中"老弱病残"较多的农民。①农村社会阶层的分化必然带来农村利益结构的分化,使得不同阶层的农民的利益诉求呈现差异化的特征。并且随着经济社会的发展,群众的利益诉求更为复杂化和多元化,由单一的温饱诉求,转向注重发展的利益诉求,对生活质量、环境的要求更高,这对村级党组织领导力的提升提出了新的挑战。

二是社会组织的发展情况。当前,社会组织的发展呈现多元化的趋势。在乡村社会中,存在的多元社会组织主要包括:第一,村民自治组织、村民集体经济组织、村民监督委员会组织;第二,共青团、妇联等群团组织;第三,原有的乡社团体,如香会、庙会、宗教团体;第四,新兴乡村社会组织,如村民理事会、村民议事会、农村合作社经济组织;第五,各种宗教组织;第六,帮会性质的黑社会组织。当前,乡村民间社会组织的发展相对滞后,组织化程度比较低,乡村社会组织的引入不足,难以满足农村经济社会发展的要求,制约了村级党组织领导力的提升。

(三)影响村级党组织领导力建设的环境因素

村级党组织处于农村社会之中,其领导力的强弱,受到党组织外部的农村社会环境因素的影响。农村社会的环境因素主要包括经济因素和文化因素。

一是农村经济环境因素。经济基础决定上层建筑,农村经济发展的好坏直接关乎村级党组织的领导力。经济的发展既是村级党组织领导力强的现实表现,同时也可以为村级党组织的领导提供物质支撑。从农村经济发展状况来看,农村以家庭经营为主体、统分结合的双层经济体制对于村级党组织

---

① 贺雪峰:《组织起来:取消农业税后农村基层组织建设研究》,山东人民出版社,2012 年,第 63~66 页。

领导力的影响较大。个人只有在集体经济中才能获得更好的发展。集体经济的发展有利于强化村民的集体意识，还能够为领导干部开展领导活动提供物质支持。集体经济在促进社会公平、提供村庄公共服务，以及培育村民的集体认同感和集体意识方面具有重要作用。

二是农村文化环境因素。马克思曾经指出："人们自己创造自己的历史，但是他们并不是随心所欲地创造，并不是在他们自己选定的条件下创造，而是在直接碰到的、既定的、从过去承继下来的条件下创造。"①村级党组织领导活动的开展也是在特定的历史环境下所开展的具有创造性的活动，中国优秀的传统文化既是推进村级党组织加强自身建设的前提，也是村级党组织提高组织吸引力和感召力的文化根基，建立在传统文化基础之上的领导力对群众更具有情感上的吸引力和感召力。"乡风文明"是新时代乡村文化的支撑，也是乡村文化振兴的象征。乡风反映了乡村社会中特定的乡村的思想道德状况和行为方式。良好的乡风文明是和人民群众的精神生活息息相关的，乡风文明是群众乡土生活的精神家园，是乡村生活的魅力所在，良好的乡风文明能够为村级党组织领导力的提升提供文化支撑和精神支撑。

(四)影响村级党组织领导力建设的制度因素

影响村级党组织领导力建设的制度因素主要是指乡村社会治理结构。人民公社时期我国实行"政社合一"的体制，社会治理的主体是农村基层党组织，治理主体较为单一。随着村民自治的兴起以及农村社会组织的发育，农村社会呈现出多元社会主体并存的局面。社会协同治理把多个组织容纳其中，村级党组织在乡村社会治理格局中居于领导地位，村级党组织领导核心作用的发挥，是实现多元共治的关键，也是确保基层治理方向的关键。社

---

① 《马克思恩格斯选集》(第一卷)，人民出版社，1972年，第603页。

会治理结构要实现多元治理主体的合作,实现乡村社会的善治,还需要充分发挥村民自治制度和农村协商民主制度的作用, 让群众参与到乡村社会的治理中。党的十一届三中全会以后,制度建党的发展推动了中国民主政治的发展,群众的政治参与制度也开始起步,在农村社会中,村民自治制度、基层协商民主建立与完善,群众的政治参与途径得到了有效的扩展。

第二章
村级党组织领导力建设的历史沿革
及重大意义

　　以史为鉴,古为今用。揭示村级党组织领导力所蕴含的历史逻辑,总结村级党组织在不同的历史时期积累的丰富而又宝贵的经验,对于当前加强村级党组织领导力建设具有重要的参考价值。根据村级党组织领导力建设环境的变化,本章将领导力建设划分为改革开放前和改革开放后两个历史时期。首先,分析改革开放前的不同历史时期,村级党组织如何赢得群众的拥护与支持,形成领导力、加强领导力的历史实践,并总结经验启示。其次,重点分析改革开放后不同的历史阶段,村级党组织的领导力如何实现持续发展,进而实现全面提升的经验。最后,反观现实,指出加强村级党组织领导力建设是巩固党在农村中的执政基础、推进乡村治理体系现代化、实现乡村振兴的必然要求。

第一节　改革开放前村级党组织领导力建设的
历史实践

　　从中国共产党成立到改革开放前,广大村级党组织围绕党在新民主主义革命时期和社会主义革命建设时期的不同历史任务，探索村级党组织对农村群众领导的方式方法，促进了广大农民群众和农村各类组织团结在党的周围，在提升村级党组织领导力方面，积累了丰富的经验。

一、新民主主义革命时期村级党组织领导力的形成

(一)通过建立农村党支部提升领导力

新民主主义革命时期，中国共产党围绕农村基层党组织的设置问题展开了探索，实现组织设置重心下移，在农村建立党支部，为村级党组织领导力建设提供了组织支撑。随着对中国农村问题的认识逐渐深入，中国共产党开始认识到在广大农村建立党的基层组织的重大意义。1925年党的四大通过的《对于农民运动之议决案》，第一次明确了农民在无产阶级革命运动中的重要地位。同年，毛泽东创建了第一个农村基层党组织——中共韶山支部。党的四大将小组改为支部，第一次将支部规定为党的基本组织，规定"有三人以上即可成立党支部"[①]，指出要通过强有力的组织工作赢得领导权，进一步规定了支部的设置原则、工作职务和职责、组织制度、活动形式等，为中国共产党在农村中建立基层组织、开展基层党建工作提供了理论支撑。1926年，为了适应工农群众运动和革命形势发展的需要、解决党内对待北伐和蒋介石问题的分歧，中共在上海召开中央执行委员会第三次扩大会议，会议提出"一切工作归支部"。赵世炎认为："'一切工作归支部'的主要目的在于要使支部真正成为社会之核心。"[②]这就明确了农村党支部在农村工作中的领导地位。刘少奇非常重视在自然村中设立党的基层组织，他指出："党章规定，一般按照行政村或行政乡为单位来建立基层组织，但乡村中群众的集合

---

① 中央档案馆：《中共中央文件选集》(第1册)，中共中央党校出版社，1989年，第381页。
② 《赵世炎选集》，四川人民出版社，1984年，第519页。

点,则是自然村。因此,党的基层组织,重要的应该放在自然村。"[1] 1940 年中共进行了一次整党工作,着力整顿基层组织设置、改造支部的领导成分以及取消中心支部,初步确立一般以行政乡或行政村来设置党支部的导向。

(二)加强党员队伍先进性建设以提升领导力

以毛泽东同志为主要代表的中国共产党人在这一时期高度重视农村党员队伍的发展,不断扩大党员的数量,注重加强党员队伍的先进性建设。一是扩大党员队伍的数量。土地革命战争时期,中国共产党真正开始走向农村,重视扩大村级党组织在农村社会中的影响力,真正着力在农村发展党员。在抗战初期,中国共产党的组织力量远远落后于其政治影响力,毛泽东指出:"必须清楚地懂得,党的组织力量,在全国,一般地说来还是微弱的。全国的群众力量也还是很薄弱, 全国工农基本群众还没有组织起来……这是我党在现时抗日民族革命战争中的最基本的弱点。"[2] 1938 年 3 月,中共中央作出《关于大量发展党员的决议》,这个《决议》促进了党组织在根据地建立了从上到下较为健全的党组织体系, 尤为重要的是在乡一级和重要的行政村建立的党支部,大大促进了党员的发展。据统计,1938 年底党员数量已经从抗战初期的 4 万人发展到了 50 万人。

二是为把党建得更坚强有力,注重党组织的巩固和提高。1939 年 8 月,党中央提出巩固党的问题,正式作出了《关于巩固党的决定》,着力整顿组织、审查党员身份,把整顿的重点放在了党组织(主要是乡村党组织)不巩固、工作混乱的地方。1940 年 10 月,中共中央宣传部作出的《关于各抗日根据地内党支部教育的指示》就支部教育的方针、计划、教材、教育干部方面做出了具体规划,以提升党支部的骨干力量以及党员的素质。1940 年中共进行

---

[1]　刘海藩主编:《中国共产党历届代表大会全记录》,中共党史出版社,2007 年,第 549 页。
[2]　《毛泽东选集》(第二卷),人民出版社,1991 年,第 394~395 页。

了一次整党工作，明确支部的领导权必须掌握在真实可靠的经过实际工作考验的干部手里，并且确保支部的无产阶级性质。

(三)通过加强思想领导提升领导力

毛泽东十分重视思想领导的作用，他指出："掌握思想领导是掌握一切领导的第一位。"新民主主义革命时期，农村基层党组织主要是通过加强思想建党和加强对农民的思想政治教育提升领导力。

一是加强思想领导，需要克服党内非无产阶级的思想，用马克思主义的政党价值观凝聚党员共识。新民主主义革命时期，随着党的发展壮大，不可避免地吸收了大量的农民和小资产阶级入党，与此同时各种非无产阶级思想也一同混进党内，党内面临思想不纯的问题。毛泽东深刻认识到提高党员的思想觉悟、整顿党员作风的重要性，并清醒地认识到党内思想的庞杂和混乱，导致了思想和行动的不统一，导致对马列主义的认识不一致，党内存在严重的自由主义问题。毛泽东在《关于纠正党内的错误思想》中深刻地指出党内的非无产阶级思想对党的路线方针政策的执行妨碍极大，指出这些非无产阶级思想包括：单纯军事观点、极端民主化、非组织观点、流寇思想、盲动主义残余、绝对平均主义、个人主义、主观主义。缺乏党内斗争和缺乏对党员正确的教育是非无产阶级思想存在的原因。毛泽东反复强调"我们要建设的一个大党，不是一个'乌合之众'的党，而是一个独立的、有战斗力的党"①。黄少群在《从井冈山到延安：毛泽东的奋斗史》一书评价中说："党的组织建设，从建党一开始就有了；而党的思想建设（思想建党）原则的提出和形成，在党的建设历史上则是第一次，是毛泽东的伟大创造和伟大贡献。"在延安时期开展了整风运动，延安时期的整风运动使得党内思想达到了高度的统

---

① 《毛泽东文集》(第二卷)，人民出版社，1993年，第179页。

一。毛泽东在《对〈关于若干历史问题的决议〉草案的说明》中指出："两万五千共产党员发展到几十万，绝大多数是农民与小资产阶级，如果不整风党就变了性质……只有经过整风才把无产阶级的领导挽救了。"①

二是加强思想领导，需要加强对农民的思想教育。中国共产党注重思想政治工作，与中国革命的时代背景有着不可分割的关系，在一穷二白的中国，革命要取得成功，必然需要将农民动员起来、组织起来。而动员广大的农民一靠利益，二靠思想，在毛泽东看来，最严重的问题就是教育农民。他指出，旧思想旧制度的残余"总是长期地留在人们的头脑里，不愿意轻易地退走的"②。为了消除农民存在的落后思想，就需要我们加强对农民的思想教育，正如毛泽东在《湖南农民运动考察报告》等论述中提出的，要在农村"普及政治宣传"和"普及政治教育"，通过加强对农民的思想政治教育，批评旧制度的落后性、宣传新制度的优越性，将群众组织起来。

（四）通过建立群众组织提升领导力

通过建立群众组织，将广大农民组织起来，通过群众组织的平台发挥群众在政治、经济、文化、军事方面的作用，调动群众参与的积极性。让群众在参与的过程中，使得自身的利益得到维护、自身的价值得到实现，增进群众对党的支持与认同。

一是建立农民协会，使得农民在政治上翻身做主。早在大革命时期，毛泽东就注意到了将农民组织在农会里、让农民在政治上翻身做主的重要性。毛泽东在《湖南农民运动考察报告》中指出，农民做的第一件大事就是把农民组织起来。而把农民组织起来的组织形式主要是农民协会。农民协会的出现使得农民第一次在政治上翻身做主，农民享有了政治上的权利，这极大地

---

① 《毛泽东文集》（第三卷），人民出版社，1996年，第284页。

② 《毛泽东文集》（第六卷），人民出版社，1999年，第450页。

解放了农民的思想。农民积极加入农会,农会以惊人的速度发展,使得土豪劣绅、贪官污吏被孤立,农村社会有了大变动。农民有了组织之后,在政治上、经济上打击了地主,通过采取"不准谷米出境、不准高抬物价,不准加租加息、宣传减租减息,不准退佃,减息"的经济斗争,维护了农民阶级的根本利益。农民协会在领导农民组织起来改造旧社会,推翻旧社会的族权、神权和男权,推翻地主、土豪劣绅的权力,进行土地分配、管理农村事务、提供农村公共服务等方面发挥了重要的作用。

二是建立群众性经济组织、文化组织、军事组织。群众性的经济组织主要包括农业合作社、运输队、减租会、耕种队等,群众性的经济组织能够帮助农民克服劳动工具不足、劳动资料不足的困难,最大限度地将农村的劳动力、劳动工具、生产资源聚合起来,改善农民的生产条件,支援革命斗争。群众性的文化组织包括夜校、秧歌队、识字班、话剧社等,群众性的文化组织教育农民读书识字、提高农民的文化水平,通过文化娱乐活动,丰富了群众的精神生活。最为重要的是,群众性的文化组织还发挥了思想宣传的作用,将党的主张、党的意识形态更为生动地灌输给了农民。群众性的军事组织主要包括民兵、赤卫队、少年先锋队、妇女自卫队等,这些军事类的组织不脱产,无论是对农村地区的经济发展,还是对支援革命战争,都发挥了重要作用。总之,在新民主主义革命时期,诸如农民组织、青少年组织、妇女组织、秧歌队、赤卫队等,都如雨后春笋般涌现,也正是各种各样的群众性组织的出现,使得成千上万的不同阶层的劳动人民紧紧团结在党的周围,提升了党组织的领导力。

二、社会主义革命建设时期村级党组织领导力的加强

新中国成立后,如何建设农村、实现农村现代化是中国共产党面临的重

要课题。这一历史时期主要分为三个阶段：1949—1952 年，农村基层党组织通过带领群众实行土地革命，满足群众的利益诉求，在群众中树立了极强的领导权威；1953—1957 年，农村基层党组织引导群众开展合作化运动，推动了社会主义改造和社会主义事业的顺利发展，促进了农村的生产力恢复与发展；1958—1982 年，形成了"政社合一"的人民公社体制，1962 年"三级所有、队为基础"的人民公社体制，在 20 世纪六七十年代乡村社会的经济发展和社会稳定中发挥了相当显著的作用，[①]但是这种高度集权的体制由于忽视了农民的发展需求，它的弊端也是明显的。这一历史时期是村级党组织领导力建设的探索时期，既积累了一些好的经验，也有一些启示。

（一）通过建立健全农村基层党组织体系提升领导力

新中国成立初期，农村基层党组织的分布较为不平衡，覆盖面不够。据统计，截至 1953 年底，从全国来看，共有 22 万个乡，其中 17 万个乡建立了党的基层组织，仍有 5 万余个乡没有党组织；农村党员 400 万人，约占农村人口的 0.8%，党员在农村人口中的比例也过低。[②]很多农业生产合作社中尚无党员，一些已经建立起党的基层组织的乡，也因为党员人数过少而难以发挥应有的作用。[③]为了更好地实现对农村社会的改造，中国共产党主要采取以下措施建立农村基层党组织体系。

一是注重有计划地发展农村党员，并在此基础上组建农村基层党组织。1954 年中共中央组织部召开了第一次农村基层党组织工作会议，规定发展党员既要注重数量，又要注重均衡性，指出为适应"一五"计划的要求，在 1955—1957 年要在农村发展 200 万至 300 万党员。最终"一五"计划结束时，

---

① 辛逸：《实事求是地评价农村人民公社》，《当代世界与社会主义》，2001 年第 3 期。

② 《中国共产党组织史资料》（第 9 卷），中共党史出版社，2000 年，第 269 页。

③ 张明楚主编：《中国共产党基层组织建设史》，福建人民出版社，2008 年，第 214 页。

已经发展了 600 万至 700 万的党员,大大超出规定的标准,并且确保了每个生产合作社都有党员,较大的合作社已经成立了农村基层党组织。在 1955—1957 年,要着重注意在尚未有党组织的地方发展 10 人左右的党员,并在发展党员的基础上建立农村基层党组织。通过党员数量的扩大,党的基层组织体系也在不断向农村社会深度覆盖,逐步建成了较为完整的农村基层党组织的组织体系。

二是因地制宜组建农村基层党组织。在党组织设置的过程中,党中央最初实行的是以地域为单位进行组织设置,农村基层党组织的组建与农村合作化运动密不可分,农村基层党组织的组建要适应农村合作化的发展要求,提出按照地域和生产组织为单位设置党组织。第一次全国组织部长会议指出:"合作组织已经发展起来的乡村中,在乡支部的统一领导下,农业生产合作社和手工业生产合作社中可以建立党的小组,党员多的可建立党的分支部,以加强党在这些生产组织中的工作。"[1]针对中国农村党员较少,以及农村地域分布较广的特殊情况,灵活设置党支部。如"有些乡已经有必要在合作社中设立党的分支部时,则全乡党员和候补党员虽不足五十人,亦可成立党的总支部。有些乡村庄过于分散,或党员大多数集中在一二个自然村内,只建立党的小组不便于党的活动,在这种情况下,党员和候补党员虽不足五十人,也可以在某些村庄建立分支部,以乡为单位建立总支部""农业生产合作社中只有个别党员时,可暂时与社内的青年团员编成党团小组,以便进行工作和学习"。[2]

---

[1] 中央档案馆、中共中央文献研究室编:《中共中央文件选集》(第 18 册),人民出版社,2013 年,第 182 页。

[2] 中央档案馆、中共中央文献研究室编:《中共中央文件选集》(第 18 册),人民出版社,2013 年,第 182~183 页。

(二)通过加强农村党员干部队伍建设提升领导力

新中国成立后,中国共产党通过加强农村党员干部队伍建设,提升农村基层党组织的领导力。

一是注重干部队伍建设。以土地革命为契机,组建土改工作队深入农村社会。1950 年中央人民政府颁布的《中华人民共和国土地改革法》明确规定实行农民土地所有制。同年,一场声势浩大的土地革命在全国的新解放区迅速展开。为了帮助新解放区的农民尽快获得土地,党和政府培训了一大批干部队伍组成工作队员,深入到广大农村中去。此外,随着社会主义建设事业不断推进,中央层面就干部更新问题作为当前党的建设的根本问题达成共识。针对农村领导干部队伍普遍存在年龄偏大,思想意识较为保守,容易受到习惯势力和经验主义的干扰,在干部选拔任用中存在论资排辈、比级别、套框框的现象,农村基层党组织开始注重年轻干部的培养,既注重年轻干部马克思主义理论、实践经验锻炼,还注重其专业化技能的培养。值得注意的是,党组织开始注意到了大学生这一群体的价值,这也是中国共产党实行大学生村官制度的来源。此外,党组织也开始关注到了农村缺乏青年党员和一线党员的现象,《关于加强农村党的建设的三个问题的报告》指出,要注重培养和提拔新生力量,调整党的基层班子结构。

二是注重农村党员队伍质量建设。在 1951 年第一次全国组织工作会议上,刘少奇指出,中国共产党能够取得胜利的根本原因在于我们党确实是中国人民最先进的部队,是中国工人阶级和劳动人民最先进、最勇敢、最有纪律的部队。[①]但是中国共产党的基层党组织随着条件的转变也出现了新的问题,这些问题大致如下:一些反革命分子乘机加入党内,党内还有一些阶级

---

① 张明楚主编:《中国共产党基层组织建设史》,福建人民出版社,2008 年,第 158 页。

异己分子、自首或叛变的分子,这些不够格的党员大大降低了党员质量。党内存在一些党员丧失了共产党员的进取心和责任心,存在个人主义、居功自傲、官僚主义、自以为是等问题,这些现象的存在都侵蚀着党员队伍的先进性。为此,要严把入党关,从严从实教育管理党员队伍。1953 年,在社会主义过渡时期,部分农村中仍存在"党员的共产主义觉悟不够高,有的党员只顾埋头个人生产,不愿意参加互助合作组织的现象","老婆孩子热炕头"的思想很有市场;部分农村基层党组织民主制度不够健全,有的党支部尚未形成坚强的领导核心,组织涣散和不团结的现象突出;部分基层党组织存在强迫命令的现象。为了进一步提升党员队伍建设的先进性和纯洁性,发挥党员在土地革命和农村合作化运动中的先锋模范作用,1954 年召开的第一次全国党的农村基层工作会议强调要通过规范党内政治生活,实行集体领导,建立支部民主的、批评与自我批评的生活,增强党内团结和严肃党的纪律,①并将这些视为加强党支部建设和提升党员质量的基本原则, 通过加强农村党支部的教育功能,提高农村党员的政治觉悟和综合素质能力。此外,中国共产党十分注重党员在土地改革运动中的先锋模范作用, 这也是村级党组织能够带领群众迅速完成土地改革和农村合作化运动的关键原因。

(三)依靠全能型的政权组织提升领导力

新中国成立后,党通过土地改革时期的农民协会、社会主义改造时期的农业合作社,到人民公社时期形成政社合一的人民公社。②人民公社普遍设在乡一级,生产大队设在行政村一级,生产队主要设置在自然村或者村民小组一级。全能型的人民公社体制把农民和农村中的社会各类组织牢牢地掌

---

① 《中国共产党组织史资料》(第 9 卷),中共党史出版社,2000 年,第 274 页。
② 张克兵:《中国共产党农村基层组织组织力研究》,中共中央党校博士学位论文,2019 年,第 64 页。

控在农村基层党组织的影响之下。人民公社时期党在农村中的领导力得到加强,但这种领导力是在特定的政治环境之下,以牺牲农民的个人利益为代价,以伤害人民的积极性为代价的。实事求是地回顾这段历史,对于今天提升村级党组织领导力建设无疑也会有一些启示。

1949—1952 年,与农村社会主义革命的任务相比,人民政权的力量还很脆弱,如果仅仅依靠党组织自身的力量难以完成任务。在这一历史时期,主要是通过依靠农民协会等行政组织,完成土地改革的任务。《中华人民共和国土地改革法》明确规定了"乡村代表大会、农民代表大会及其选出来的农民协会委员会,为改革土地制度的合法执行机关"。土改工作队还将在土改中表现较为积极的贫农、雇农和中农发展为共产党员和农民协会的干部,如《农民协会组织通则》规定:"凡雇农、贫农、中农、农村手工业工人及农村中贫苦的革命知识分子,自愿入会者,得乡农民协会委员会批准后,即可成为农民协会会员。"①中国共产党通过充分发挥农民协会在土地革命中的重要作用,促进土地改革任务的顺利完成,使得农民真正得到了实惠,并且建立的新政权使得农民真正成为乡村社会的主人,满足农民经济上和政治上的诉求,赢得群众的支持与拥护。

1953—1957 年农业合作化运动时期,中国共产党通过推动农业合作化运动完成社会主义改造,合作社本身是为了克服小农经济的分散性和落后性建立的集体经济组织,农业合作化运动经过了互助组、初级社、高级社三个发展阶段。在农村中发展社会主义集体经济,既是 1949 年后中国共产党执政的既定方针,也是当时农村经济发展的需要。在 1951 年 9 月,中共中央通过的《中共中央关于农业生产互助合作的决议(草案)》明确指出,农民发展生产的积极性"一方面是个体经济的积极性,另一方面是劳动互助的积极

① 中共中央文献研究室编:《建国以来重要文献选编》(第 1 册),中央文献出版社,2011 年,第 300 页。

性""党中央要按照自愿互助的原则，发展农民劳动互助的积极性""这种互助是建立在个体经济的基础上的集体劳动，其发展前途是农业集体化或社会主义化。"①在互助组和初级社阶段，大多数农民都是自愿加入的，并且这种互助也是建立在农民个体经济基础之上的，此时的合作社也发挥了农民的组织优势。

1958年8月，中央向全国下发了《中共中央关于在农村建立人民公社问题的决议》，10月底，人民公社体制在全国范围内的农村建立。1958年的人民公社和之前的农业合作社的性质有着根本的区别，人民公社不是单纯的农业生产组织，而是"政社合一"的政治组织。"人民公社的规模是一乡一社，各个公社的规模一经确定，长期不变。"②随着人民公社规模的不断扩大，很多地区都将原公社的生产资料，如土地、牲畜等生产资料和财产归公，甚至村民的自留地和个人的财产也归公。生产资料的公有化程度不断提高，人民公社逐渐成为农村社会的基本单位，使得群众在生活上、组织上高度依附公社。1962年的《农村人民公社工作条例（修正草案）》规定："农村人民公社是政社合一的组织，是我国社会主义政权在农村中的基层单位。"人民公社"政社合一"的性质使得人民公社在农村社会中享有高度集中的权力，它集政权组织、经济生产组织、社会公共服务组织于一身，是组织的复合体，下设若干个部门管辖公社范围内的所有事物。

人民公社采用的生产方式是"统一经营、集中劳动"，分配方式是"评工计分、按工分分配"。农民大部分的时间都花在集体劳动中，通过集体劳动获得工分，工分是农民从集体经济中获得生活资料的主要来源。这种生产方式

---

① 中共中央文献研究室编：《建国以来重要文献选编》（第2册），中央文献出版社，1992年，第510~511页。

② 中共中央文献研究室编：《建国以来重要文献选编》（第15册），中央文献出版社，1997年，第624页。

不仅改变了农村生产的组织方式,也密切了生产队队员和社员之间的联系,增强了村民对党组织的组织依存度。并且在人民公社制度下,社员所经历的每一件大事如入学、参军、结婚、外出等,都要征得集体的同意,需要集体向社员开具证明。"社员在参加集体劳动的同时,集体也就责无旁贷地承担了向他们提供劳动机会、生活保障和社会福利的责任。"①农村基层党组织也变成了无所不包的行政组织,向农民提供几乎无所不包的服务,增强了农民对农村基层党组织的依存度,使得农民无法摆脱集体而独立存在,也使得集体意识深入人心。但是随着人民公社的扩展和发展,整个农村社会完全被政治化了,整个农村基层党组织完全被科层化了,农村社会也丧失了自主性。人民公社时期集体劳动、平均分配的方式挫伤了群众的积极性和主动性。

第二节　改革开放后村级党组织领导力建设的历史实践

党的十一届三中全会后,党和政府实行改革开放的伟大决策,使得中国农村经济社会发生深刻转型。为适应改革开放后农村经济社会环境的变化,村级党组织领导力实现了改革发展,具体来看,可将村级党组织领导力建设划分为调整改革、初步发展、巩固完善、全面提升四个阶段。

---

① 吴毅:《村治变迁中的权威与秩序——20世纪川东双村的表达》,中国社会科学出版社,2002年,第125页。

一、村级党组织领导力建设的调整改革阶段

村级党组织领导力建设的第一个阶段是调整改革阶段,从 1978 年党的十一届三中全会到 1992 年党的十四大。这一阶段的最大特点是调整改革,适应家庭联产承包责任制的推行和村民自治的实施后,农村的经济社会出现的新变化。

(一)调整基层组织设置

随着改革开放的发展、家庭联产承包责任制的推行、人民公社体制的解体,原有的社会结构和经济发展方式发生了转变,为了提高村级党组织组织结构的适应性,需要调整组织结构设置来加强村级党组织的领导。1983 年 10 月,中共中央、国务院颁布《关于实行政社分开 建立乡政府的通知》,指出:"当前的首要任务是政社分开,建立乡政府。"政社分开、建立乡政府的同时,以生产队为基础建立了村民委员会,个别大的生产大队也进行了适当划小,并在村建立了党支部,农村党支部也由按生产大队设置改为按行政村设置。1985 年 11 月,中共中央在北京召开全国农村党的基层组织座谈会。会议认为,改进农村党的基层组织设置应本着有利于促进农业经济走向专业化、商品化、现代化的转变,有利于加强党同群众的联系,有利于开展党组织的活动和加强对党员教育管理的原则,进行合理的调整。1986 年,中央组织部发出《关于调整和改进农村中党的基层组织设置的意见》,针对农村基层党组织的设置提出了意见。《意见》强调,为了方便党组织的统一领导,在调整和改进农村基层党组织设置的过程中,不宜打乱以行政村为单位建立党组织的建制。

(二)加强组织制度建设

改革开放后,党中央逐渐意识到党内问题的解决不可能毕其功于一役,必须实现由集中性整党向经常性整党的转变。党的建设要走上一条不搞政治运动,而靠改革和制度的路子。①邓小平非常注重党支部生活,他指出:"严格党的支部生活极端重要,没有支部生活就没有战斗力。"②在此基础上他提出要严格党支部生活制度,规范党支部生活,明确"支部无权干预各种行政工作,但支部要在群众中了解群众的问题、群众的意见和舆论,以及党员非党员的表现"③。这就使得村级党组织的领导更为规范化,在此基础上,邓小平还注重农村基层做到党务公开,通过党务公开的方式强化监督。他指出:"我们要在整风的基础上把党公开(无论城市、乡村、工厂、机关),党都要公开,公开的好处很多。"④

(三)加强思想政治教育工作

加强思想政治教育工作是加强党的领导的重要手段,1978 年 12 月,邓小平在《解放思想,实事求是,团结一致向前看》中强调,思想解放是当前的一个重大政治问题,他认为:"关于真理标准问题的争论,的确是个思想路线问题,是个政治问题。"⑤邓小平深知针对广大农村出身的党员,针对广大农民群众进行有效的思想政治教育工作的重要性, 多次要求思想政治教育工作要为中心工作提供精神支持。他指出:"我们说改善党的领导,其中最主要

---

① 中共中央文献研究室编:《十三大以来重要文献选编》(上),人民出版社,1991 年,第 54 页。
② 《邓小平文选》(第一卷),人民出版社,1994 年,第 160 页。
③ 《邓小平文选》(第一卷),人民出版社,1994 年,第 20 页。
④ 《邓小平文选》(第一卷),人民出版社,1994 年,第 20 页。
⑤ 《邓小平文选》(第二卷),人民出版社,1994 年,第 143 页。

的,就是加强思想政治工作。"①他特别强调党的各级干部要腾出主要时间、主要精力来做群众的思想工作。针对思想政治教育的方式方法,邓小平提出要提高思想政治教育的科学性,开展思想政治教育工作要采取说服教育的方式,他指出:"用大搞群众运动的办法,而不是透彻说理、从容讨论的办法,去解决群众性的思想问题,……从来都不是成功的。"②在新时期进行社会主义建设的过程中,对群众开展思想政治教育,应"坚持对思想上的不正确倾向以说服教育为主的方针"③。运用说服、教育的方式解决群众的思想问题,能够起到春风化雨的作用,真正解决群众思想层面的问题。邓小平多次批评形式主义的社会风气,强调思想政治教育必须力戒形式主义,倡导理论联系实际的马克思主义学风。他指出:"学马列要精,要管用。"④

(四)加强党员干部队伍建设

改革开放后,针对农村基层党组织建设过程中出现的问题,邓小平认为最重要的是把农村基层党组织建设好,建设好农村基层党组织的关键在于管好党员和干部。对于加强农村干部队伍建设的问题,邓小平认为最重要的是做好干部的选拔和培养工作,他指出:"一个大队、一个公社、一个县,选好二把手,整个领导班子就带起来了。"⑤对于干部的选拔任用问题,邓小平认为要打破条条框框的限制,一方面通过上级下放一批干部,另一方面也是最根本的方面,要任用本地的、本乡的、本大队的人。通过加强农村干部队伍建设,提高农村基层党组织的领导力。在此基础上,邓小平还提出了要从基层开始实验"干部能上能下",推进干部的灵活流动。针对农村干部身上出

---

① 《邓小平文选》(第二卷),人民出版社,1994年,第365页。
② 《邓小平文选》(第二卷),人民出版社,1994年,第365页。
③ 《邓小平文选》(第三卷),人民出版社,1993年,第145页。
④ 《邓小平文选》(第三卷),人民出版社,1993年,第382页。
⑤ 《邓小平文选》(第二卷),人民出版社,1994年,第365页。

现的不良作风问题,邓小平指出要发扬农村基层民主,改进干部身上的不良
作风。

对于党员队伍建设方面,邓小平指出,如果我们的党员都合格,那么我
们的队伍将会非常强大。"问题是有一部分党员不合格,要在教育的基础上
进行整顿。"①重视一部分党员队伍不合格的问题,要加强对党员的思想政治
教育,尤其是理想信念教育。在加强党员思想政治教育的基础上,需要加强
党员的权利义务教育,并注意保护党员的民主权利。此外,加强党员队伍建
设,还要注重对党员的管理,尤其是要加强对新党员的管理,注重党员教育
与党员管理的结合,这是一个关乎党员队伍发展壮大的问题。

(五)建立村民自治组织

邓小平在《解放思想,实事求是,团结一致向前看》中指出,民主是解放
思想的重要条件,在过去相当长的一段时期内,我们讲集中太多、民主太少,
而在当前的这个时期,需要特别强调民主。1981 年《关于建国以来党的若干
历史问题的决议》确定了"在基层政权和基层社会中逐步实现人民的直接民
主"的发展目标。1982 年《中华人民共和国宪法》确立了村民委员会的法律地
位,明确了基层社会实现直接民主的具体形式。《宪法》第 111 条规定:村民
委员会是农村基层群众自治组织,村民委员会的主任、副主任和委员由村民
选举。同时明确规定了村委会不再作为政权组织的下属机构,这表明村民自
治属于"乡政村治",与"政社合一"的人民公社有着根本区别。1983 年 10 月,
中共中央《关于实行政社分开　建立乡政府的通知》明确指出:"政社合一"
的人民公社体制已经不适应农村经济社会改革,当前的首要任务就是政社
分开,建立乡政府。1985 年,村民委员会多达 94 万个。为了促进村民自治的

---

① 《邓小平文选》(第二卷),人民出版社,1994 年,第 269 页。

健康有序发展,1987年《中华人民共和国村民委员会组织法(试行)》明确规定了村委会的地位和性质,同时明确乡政府和村委会之间的关系是指导与被指导的关系而不是领导与被领导的关系。这实际上确立了村民自治这一形式。

二、村级党组织领导力建设的初步发展阶段

这一阶段主要是指党的十四大以后至党的十六大召开前。东欧剧变、苏联解体前夕,许多社会主义国家的党组织变成了"空头司令",基层党组织的战斗力不强。针对出现的复杂的国内国际形势,这一阶段最大的特点就是要提升村级党组织领导农村社会发展的能力,巩固村级党组织在农村中的领导核心地位。

(一)强调农村基层党组织的领导地位

中国共产党历来重视基层党组织建设,江泽民更是将其摆在了事关党的执政基础地位的高度。他指出:"党的基层组织是党的全部工作和战斗力的基础,……加强党的基层组织建设的工作,必须坚持不懈地抓下去,一刻也不能放松。"[1]加强农村基层党建工作要健全党组织生活,要整顿软弱涣散的基层党组织,要充分发挥广大农村党员的先锋模范作用,通过加强党员的先进性建设,发挥党员的先锋模范作用重塑党组织的形象。江泽民认为:"党的战斗力,党的力量,首先来自于党的基层组织,来自于党的基层组织的战斗堡垒作用。"因此,加强农村基层党组织的政治领导核心作用,这个原则不能含糊。[2]江泽民强调:"党是政治领导核心,离开了组织领导、思想领导,那

---

① 《江泽民文选》(第三卷),人民出版社,2006年,第18页。

② 中共中央文献研究室编:《十三大以来重要文献选编》(中),人民出版社,1991年,第582页。

个核心就是空的……没有广大基层党组织战斗力的发挥,最后,我看我们全党的战斗力就是空的。"①这不仅明确了农村基层党组织在加强党的执政基础地位中的作用,也指出了加强农村基层党组织的领导需要政治领导、思想领导、组织领导的相互配合。

(二)加强农村基层党组织的制度建设

在 1997 年党的十五大上,江泽民提出要"从严治党",各级党委要坚持"党要管党"的原则。针对党内纪律存在松软的现象,江泽民要求将从严治党的方针贯彻到党的建设中。从严治党的落实需要各级党委深入基层,不断完善基层党建的制度建设。1999 年,为了进一步加强农村基层党组织的领导,改善农村基层党组织的领导方式,中共中央制定并颁布了《中国共产党农村基层组织工作条例》(以下简称《条例》),通过法律的形式确定了农村基层党组织领导地位,并明确了农村基层党组织的职责,明确了农村基层党组织领导行为的边界。《条例》是改革开放以来农村基层党组织领导农村社会的实践总结, 这种总结以制度的形式加以固定, 为农村基层党组织加强自身建设、协调党组织与其他组织的关系提供制度保障。

(三)提出党支部建设的标准

江泽民非常注重加强村级党组织建设, 他指出:"对于那些长期不起作用、处于软弱涣散和瘫痪半瘫痪状态的乡村党组织,上级党组织一定要下大力气指导和帮助它们进行整顿。"②并提出基层党组织建设的出发点,建设"五个好"支部,也就是有一个好的领导班子,锻炼一支好的队伍,选准一条经济发展的好路子,完善一个好的经营体制,健全一套好的管理制度。这"五

---

① 中共中央文献研究室编:《十三大以来重要文献选编》(中),人民出版社,1991 年,第 36 页。
② 《江泽民文选》(第一卷),人民出版社,2006 年,第 274~275 页。

个好"之间是相辅相成的关系，相互构成一个实现党支部建设好的目标体系。在此基础上，他认为："要建设一个好支部，要发展集体经济，真正做到有人管事、有钱办事。如果村集体经济没有一点收入，办一点事情就要向群众敛钱，党支部很难有号召力。"①村级党组织要树立在群众中的领导权威，提高党支部的凝聚力和号召力，很重要的一条是要提高带领群众致富的能力，提高带领群众发展集体经济的能力。此外，加强党支部建设，还要注重加强党员队伍建设，《中共中央关于加强党的建设的通知》指出要严把入口关，从严肃党内政治生活，严格管理、严格监督，纯洁党员队伍，清除腐败分子。在加强党员管理中，尤为注重加强党员的政治标准，以牢固树立党员的理想信念和宗旨意识。

三、村级党组织领导力建设的巩固完善阶段

这一阶段主要是指从党的十六大以后到 2012 年党的十八大召开，这一阶段主要是从加强中国特色社会主义建设的高度，围绕中心、服务大局，从整体上推进村级党组织领导力建设。

（一）加强党员干部队伍建设

发挥党支部的战斗堡垒作用，要加强党员干部队伍建设。首先，要加强领导班子建设。胡锦涛指出："要以全面提高领导素质和领导能力为重点，建设好支部领导班子。"②提升党支部书记的领导能力和领导素质，要选好村支部书记，把好入口关，明确选拔标准。党支部书记是村里的主心骨、班长和带

---

① 《江泽民文选》(第一卷)，人民出版社，2006 年，第 559 页。

② 胡锦涛：《全面贯彻落实十四届四中全会精神把农村基层组织建设提高到新水平》，《党建研究》，1995 年第 1 期。

头人,党支部书记选好了,党支部书记的带头作用充分发挥出来了,村级党组织才有向心力、号召力。他进一步明确了要按照"四化"和德才兼备的标准,将贯彻落实党的路线方针政策能力强、具有公正廉洁作风、带领群众致富能力强的人选出来担任党支部书记。基层党组织要建设一支高素质的农村基层干部队伍。其次,要加强党员的教育工作。针对当前党员队伍年龄偏大、文化偏低的现象,农村基层党组织要按照"坚持标准、保证质量、改善结构、慎重发展"的方针,积极做好农村党员的发展工作,尤其要注重吸引优秀的青年农民入党,优化党员队伍的年龄和能力结构。农村基层党组织要抓好党员的教育工作,要在农村党员中抓好自觉践行"三个代表"重要思想、做合格党员的教育活动, 要积极引导党员充分发挥带头执行党的路线方针政策、带头勤劳致富和带领群众致富、带头维护社会稳定和促进农村发展的先锋模范作用。最后,加强党员的管理。加强党员的管理工作可以从两方面着手,一方面,通过在农村基层党组织和党员中开展争先创优活动和设岗定责活动,为党员发挥作用提供平台;另一方面,加强制度建设,通过加强对流动党员的管理,通过严格党内政治生活、及时处置不合格党员等措施,加强党员的管理。

(二)突出基层党组织的服务功能

突出基层党组织的服务功能主要体现在以下三方面:第一,调整组织设置。十六大党章调整了村级组织的具体设置形式, 将村党支部改为村党组织。这是因为传统行政村规模过于狭小, 造成经济资源和生产要素难以集聚,为了有效整合资源,各地采取撤并行政村的方式,因此要相应地改变农村基层党组织的组织设置。胡锦涛指出,调整基层党组织的组织结构要做到"哪里有群众哪里就有党的工作",确保基层党组织始终能够密切联系群众。

第二,通过在发展生产和服务群众中开展争先创优活动,要求党员"关心群众疾苦,体察群众情绪,努力运用说服教育、示范引导和提供服务等方法"①,通过帮扶机制、评议机制保持党员与群众之间的密切关系,巩固基层党组织的领导地位。

第三,创新利益表达机制,重视信访工作,了解群众的利益诉求。2007年中共中央、国务院颁发《关于进一步加强新时期信访工作的意见》,要求通过信访制度的完善了解群众的需求、解决群众的现实问题,发挥基层党组织联系群众、服务群众的优势。

(三)切实理顺村"两委"关系

随着村民自治的推行,在实践中村级党组织和村民自治委员会之间的关系出现了不和谐。关于理顺村"两委"关系,发挥二者在推进农村经济发展和基层治理中的独特优势,胡锦涛结合一些地方实践的经验指出,切实理顺村"两委"关系,需要做到三点:

一是加强对党支部和村委会成员的教育,引导村"两委"认识到村级党组织领导下村民自治有序发展的重要性,明确村党支部的领导核心地位。在此基础上,进一步引导和帮助村党支部改变领导方式,转变观念,增强民主法制的意识,村党组织要支持村民自治委员会开展工作。此外,要加强对村民自治委员会委员的教育,加强坚持党的领导的政治教育,引导村民委员会要自觉接受村级党支部的领导。

二是建立健全村党支部领导下的村民自治运行机制。解决村"两委"关系不协调的问题,解决村"两委"在实际工作中出现的矛盾问题,要在法律和制度上对村党支部和村民自治委员会的职责加以明确。要进一步规范村级事务的重大决策的程序,要建立和完善村务委员会监督,完善村民会议和村

---

① 中共中央文献研究室编:《十六大以来重要文献选编》(上),中央文献出版社,2005年,第371页。

民代表会议制度,推行村务公开制度等,进一步保障村民当家做主的权利。

三是完善党支部书记的选拔方式,针对村党支部书记在实践中面临合法性地位的挑战,胡锦涛肯定了一些地方采用"两推一选""一肩挑"和村"两委"交叉任职的办法,认为这样做有利于协调村党支部和村委会的关系,减少矛盾,还能减少干部职数,减轻农民负担。①

四、村级党组织领导力建设的全面提升阶段

党的十八大以来,中国共产党将加强村级党组织的领导力建设摆在突出位置,全面贯彻从严治党的方针,强根固基,从凸显村级党组织的政治功能、强化思想引领、强化服务功能、深化村民自治的实践、加强党支部标准化建设等方面全面提升领导力,承前启后地开创农村基层党建引领乡村振兴的新局面。

(一)凸显村级党组织的政治功能

以习近平同志为核心的党中央尤为强调要加强村级党组织的政治领导。党的十九大报告明确指出:"加强基层党组织建设,要以提升组织力为重点,突出政治功能。"新时代党的建设总目标要求中明确提出要以"政治建设为统领",进一步彰显了党组织的政治功能。2019 年 2 月 27 日,《中共中央关于加强党的政治建设的意见》发布,《意见》指出:"政治属性是党组织的根本属性,政治功能是党组织的基本功能。"②村级党组织体现了马克思主义政党的政治属性。村级党组织不同于一般的社会组织,而是政治组织,更要凸显

---

① 胡锦涛:《全面贯彻"三个代表"重要思想进一步加强和改进农村基层党组织建设》,《党建研究》,2002 年第 8 期。

② 《中共中央关于加强党的政治建设的意见》,《前进》,2019 年第 3 期。

村级党组织的政治属性和政治功能,充分发挥村级党组织的政治优势。改革开放以来,在农村中,一些村级党组织由于过度强调服务功能,忽视了自身的政治属性,这就导致一些村级党组织在农村社会中的领导出现淡化、弱化、边缘化的现象。习近平强调虽然村级党组织在功能上强调要加强服务功能,也要突出村级党组织的政治功能,不能变成纯服务型的组织。新修订的《中国共产党农村基层党组织工作条例》明确提出:"党的农村基层组织领导班子应当坚定执行党的政治路线,始终在政治立场、政治方向、政治原则、政治道路上同以习近平同志为核心的党中央保持高度一致。"这凸显了村级党组织的政治功能,强调了加强村级党组织政治建设的重要性。

(二)强化思想引领

党的十八大以来,中国共产党非常重视发挥思想政治教育"生命线"的作用。习近平指出,"中国特色社会主义进入新时代,必须把统一思想、凝聚力量作为宣传思想工作的中心环节"①"把培育和弘扬社会主义核心价值观作为凝魂聚气、强根固本的基础工程。"②以习近平同志为核心的党中央尤为注重加强农村的思想政治教育工作,注重以社会主义核心价值观作为乡村振兴的价值引领。《乡村振兴战略规划(2018—2022年)》和2019年的中央一号文件《中共中央 国务院关于坚持农业农村优先发展做好"三农"工作的若干意见》,都提出了"引导农民践行社会主义核心价值观,巩固党在农村的思想阵地"。

党的十八大以来,针对推动社会主义核心价值观成为乡村振兴的价值引领,主要采取如下措施。一是通过以政策规范的宣传和落实为指引。习近平

---

① 《习近平在全国高校思想政治工作会议上的讲话》,《光明日报》,2016年12月9日。

② 《习近平在中共中央政治局第十三次集体学习时强调 把培育和弘扬社会主义核心价值观作为凝魂聚气强基固本的基础工程》,《党建》,2014年第3期。

强调,"要发挥政策导向作用,使经济、政治、文化、社会等方方面面政策都有利于社会主义核心价值观的培育,使符合核心价值观的行为得到鼓励、违背核心价值观的行为受到制约"①。二是以道德为支撑。村级党组织通过深入实施公民道德建设工程,推进社会公德、职业道德、家庭美德、个人品德建设,将社会主义核心价值观与农村社会传统价值观相结合,培育农村社会新型的社会价值体系。三是以具体实践为助推器。习近平指出,"培育和践行社会主义核心价值观,要与人们日常生活紧密联系起来,使人们在实践中感知它、领悟它,达到'百姓日用而不知'的程度"②。社会主义核心价值观达到内化于心、外化于行的功效。

(三)强化服务功能

党的十八大报告明确指出村级党组织功能转型的十六字方针,即"推动发展、服务群众、凝聚人心、促进和谐",明确了村级党组织服务型功能的定位。2014年,中共中央办公厅印发《关于加强基层服务型党组织建设的意见》,对基层服务型党组织建设的总体要求、重要意义、主要任务、方法措施进行了部署。新党章的第三十二条说明了不同形式的基层党组织所起的作用,并指出党的基层组织担负着直接联系群众、组织群众、团结群众,把党的路线方针政策落实到基层的重要责任。突出村级党组织的服务功能,要求村级党组织在具体的领导活动中,做到坚持群众的主体地位,走群众路线。习近平指出:"人民群众始终是我们党的坚实执政基础"③,"是我们力量的源泉"④。村

---

① 习近平:《使社会主义核心价值观的影响像空气一样无所不在》,《党史纵横》,2014年第3期。

② 中共中央宣传部编:《习近平总书记系列重要讲话读本》,学习出版社、人民出版社,2016年,第192页。

③ 习近平:《全面贯彻落实党的十八大精神要突出抓好六个方面工作》,《求是》,2013年第1期。

④ 习近平:《在十八届中央政治局常委同中外记者见面时的讲话》,《人民日报》,2012年11月16日。

级党组织在领导的实践中,要把满足群众的需求作为我们的奋斗目标,把服务群众、做好群众工作作为党员干部的工作职责,把突出服务的实效性、赢得群众的认同作为工作的目标。习近平认为:"检验我们一切工作的成效,最终都要看人民是否真正得到了实惠。"①党的十八大以来,村级党组织能够结合时代特点,利用互联网平台,探索服务群众的方式,利用网站、微信、微博等方式,建立党群联系平台,通过微服务和大数据,及时了解群众的民意,针对群众思想观念、生活方式、服务需求不断变化的新形势,各地区的村级党组织创新服务的方式。如有些村级党组织针对村民居住分散、办事不便的情况,推行"一站式"服务。有的村级党组织根据党员志愿者的居住地、工作地情况实施"代理式服务",有的村级党组织根据群众的需求提供针对性的"菜单式"服务等。

(四)深化村民自治的实践

乡村振兴战略中明确指出要深化村民自治实践,坚持自治为基,加强农村群众性自治组织建设。②一是明确村级党组织对乡村各类组织领导核心的作用。习近平就现阶段农村社会组织的发展与村级党组织的关系进行了阐述,其核心思想在于坚持村级党组织的领导核心地位坚决不能动摇,突出村级党组织的领导核心作用。《乡村振兴战略规划(2018—2022年)》明确提出要健全以党组织为核心的领导体系;新修订的《中国共产党农村基层组织工作条例》规定党的农村基层组织应当加强对各类组织的统一领导,打造充满活力、和谐有序的善治乡村,形成共建共治共享的乡村治理格局。村党组织书记应当通过法定程序担任村民委员会主任和村级集体经济组织、合作经济组织负责人。这一规定加强了村级党组织在乡村治理体系中的领导核心

---

① 习近平:《全面贯彻落实党的十八大精神要突出抓好六个方面工作》,《求是》,2013年第1期。
② 《中共中央 国务院关于实施乡村振兴战略的意见》,人民出版社,2018年,第20页。

作用，尤其是推进村级党支部书记兼任村民委员会主任和集体经济组织的负责人，使得村级党支部书记能够掌握乡村社会的人力、财力，极大地增强了村级党组织在乡村社会中的领导权威，在一定程度上也避免了村"两委"不和带来的消极影响。

二是积极培育社会组织，并保持乡村社会组织的独立性。《中共中央　国务院关于实施乡村振兴战略的意见》中也提出要"大力培育服务性、公益性、互助性农村社会组织，积极发展农村社会工作和志愿服务"，要充分发挥农村各类社会组织在协商农村公共事务、提供志愿服务中的作用。《中国共产党农村基层党组织工作条例》明确规定村级党组织要支持和保证这些组织依照国家法律法规以及各自章程履行职责，规定村民会议、村民代表会议或者集体经济组织具有依照法律和有关规定作出决定的权利。

三是发挥村民规约、自治章程和村务监督委员会在深化村民自治实践中的作用。2018 年，国家就村务监督委员会的工作下达了《关于建立健全村务监督委员会的指导意见》，《意见》较为明确地规定了村务监督委员会的工作要求、组成人员、配备标准、监督内容和职责权限。在这一文件的推动下，村务监督委员会在深化村民自治中的作用日渐凸显，在村级党组织的领导下村务监督委员会在督促党中央各项方针政策的落实、杜绝"微腐败"行为方面发挥了重要作用。村务监督委员会利用微信网络的平台，扩大村务监督的范围，调动人民群众参与监督的积极性，使得监督的内容更加透明化。此外，2018 年 12 月 27 日，民政部、中央组织部、全国妇联等七部门联合出台了《关于做好村规民约和居民公约工作的指导意见》，这是首个以中央和国家有关部门的名义出台的有关村规民约和居民公约工作的全国性指导文件。该文件明确指出村规民约的主要内容包括规范日常行为、维护公共秩序、保障群众权益、调解群众纠纷、引导民风民俗五个方面，制定程序应经过征集民意、拟定草案、提请审核、审议表决、备案公布五个环节，明确了各级各部门承担的监督和组织责任,为做好村规民约工作提供了基本遵循。①我国已经有98%的行政村,制定或者修订了"村规民约"和"村民自治章程"。②村民规约成为法律之外规范村民行为的有力补充,促进了乡村社会善治的实现。

(五)加强党支部的标准化、规范化建设

基层党建是党的建设的组成部分,基层党建的质量和效果直接关系全面从严治党的效果,关系基层党建引领乡村振兴的效果。2018年7月初在全国组织工作会议上的讲话中特别强调了基层党建问题,提出"要加强支部标准化、规范化建设"。2018年9月21日,中共中央政治局审议通过了《中国共产党支部工作条例(试行)》。《条例》指出"党支部是党的基础组织,是党组织开展工作的基本单元",并再次明确提出"要加强支部的标准化、规范化建设"③。《条例》指出要把加强支部的组织体系作为基本内容,这是党的历史上第一次将党支部工作纳入党内法规体系。随着全面从严治党的纵深发展,推进党支部的规范化、标准化建设成为主要发展趋势,党中央将标准化的组织体系、标准化的领导班子④纳入党支部标准化建设的十项内容当中。党支部标准化建设主要是以"一切工作归支部"的理念,针对一些党支部组织体系设置、组织覆盖以及组织活动方面存在的问题提出的,主要在于激发党支部建设的内生动力,以实现提质增能的目标。

在党员队伍优化方面,习近平非常关注基层党组织带头人队伍建设,多次强调,"加强基层党组织带头人队伍建设,注重培养选拔有干劲、会干事、

① 《民政部、中组部、全国妇联等7部门联合出台〈关于做好村规民约和居民公约工作的指导意见〉》,《中国民政》,2019年第1期。

② 马吟秋、刘佩峰:《自治、法治、德治相结合健全乡村治理体系》,《人民日报》,2018年2月5日。

③ 《中国共产党支部工作条例(试行)》,《人民日报》,2018年11月26日。

④ 标准化的十项内容包括:标准化组织体系、标准化领导班子、标准化支部制度、标准化工作流程、标准化组织生活、标准化运行机制、标准化工作载体、标准化教育管理、标准化活动场所、标准化基本保障。

作风正派、办事公道的人担任支部书记"①。村级党组织的带头人队伍要时刻发挥"领头雁"的作用,要掌握好管理党员的方法,发挥党员的先锋模范作用。"各级党组织书记要管好干部、带好班子,也要管好党员、带好队伍,掌握抓党员队伍建设的方法要求。"②为了加强村级党组织带头人队伍建设,2015 年出台《关于做好选派机关优秀干部到村任第一书记的通知》,将有能力、有担当的同志选派到基层。此外,农村基层党建工作放在党员建设质量方面,2013 年,习近平提出"重视从青年工人、农民、知识分子中发展党员,优化党员队伍结构"。2013 年,党中央下发了关于规范党员发展的程序和质量方面的规定,即《关于加强新形势下发展党员和管理党员工作的意见》,同年,中央出台了《中国共产党发展党员工作细则》,为提高党员队伍建设质量提供制度依据。

第三节　村级党组织领导力建设的重大意义

新时代中国特色社会主义社会主要矛盾的变化,给村级党组织领导力的建设提出了新的更高的目标与要求。加强村级党组织领导力建设,是推动乡村治理体系现代化、贯彻落实乡村振兴战略、巩固党在农村中的执政基础的必然要求。

一、巩固党在农村中的执政基础的必然要求

农民是中国共产党执政的重要依靠力量, 农村是中国共产党执政最大

---

① 习近平:《切实贯彻落实新时代党的组织路线全党努力把党建设得更加坚强有力》,《人民日报》,2018 年 7 月 5 日。

② 《习近平谈治国理政》(第二卷),外文出版社,2017 年,第 173 页。

的社会基础。邓小平指出:"城市搞得再漂亮,没有农村这一稳定的基础是不行的。"①正所谓农民富则国家富、农村稳则天下安,可见农民富和农村稳事关国家的繁荣富强与和谐稳定。农村改革是全面深化改革的重中之重,也是当代中国农村可持续发展的必然之路。农村社会的全面深化改革涉及农村传统深层次的利益关系,这就要求在全面深化改革的过程中,要始终坚守群众利益。中国共产党代表的是最广大人民群众的根本利益,村级党组织是党在农村中的基层组织,无论农村社会改革的形势怎么改变,唯一不变的是要始终坚持村级党组织的领导地位,只有坚持党的领导,才能确保改革的方向,才能始终站稳人民利益本位的立场。

党的十八大以来的中央"一号文件"始终强调,要坚持农村基层党组织在农村工作的领导地位。全面深化农村社会的改革,要求村级党组织做到以民为本的基本原则,满足村民对更好的教育、更好的医疗、更好的环境等美好生活的向往,让人民群众在宜居宜业的乡村环境中生活;要求村级党组织在全面深化改革的过程中,敢于惩处在涉农领域中侵害人民群众利益的腐败问题,积极联系群众,真正做到了解民所困,真心替民解忧;要求村级党组织坚定不移地推进改革,尤其是在提高群众满意度方面的重点领域要积极主动推进改革。全面深化改革对村级党组织的领导力建设提出新要求,要求村级党组织及全体党员干部要始终牢记为民、爱民、亲民、惠民、富民的宗旨意识,始终坚持群众路线不动摇,凸显人民群众的主体地位,大力增强党员干部的群众工作本领,大力纠正破坏群众利益的不正之风,密切农村中的党群关系,进而使得广大人民群众加深对党的深厚感情,增强党的吸引力、凝聚力和向心力,增强群众对党的支持度和拥护度,牢牢巩固党在农村中的执政根基。

---

① 《邓小平文选》(第三卷),人民出版社,1993年,第65页。

二、推进乡村治理体系现代化发展的必然要求

乡村治理是国家治理的基础,关系到普通农民的切身利益,影响着国家的稳定和发展。党的十九大报告指出乡村振兴战略总要求,乡村治理由原来的强调方式路径的"管理民主"转向强调结果质效的"治理有效"转变。为了实现乡村的有效治理,提高治理服务水平,一个强有力的村级党组织的领导功能的实现必不可少。治理成效显著的农村,党组织发挥了很大的作用;而治理失效的农村,党组织所起到的作用微乎其微。村级党组织领导乡村治理的有效性,一方面既要强调乡村社会的自我治理,强调乡村社会发展的内生动力,另一方面又要强化村级党组织对农村各类组织领导功能的发挥,对农村社会多元治理的分散分类的力量加以整合,形成共治合力。

《中国共产党农村基层党组织工作条例》要求:"党的农村基层组织应当加强对各类组织的统一领导,打造充满活力、和谐有序的善治乡村,形成共治共享的乡村治理格局。"2019 年的《关于加强和改进乡村治理的指导意见》明确指出:"要建立健全党组织领导的自治、德治、法治相结合的乡村治理体系,构建共建共享的社会治理格局。"现代乡村治理体制的良好运行,要求村级党组织加强对农村各类组织的领导,确保乡村治理的方向。在现代乡村治理体系中,党的领导是核心。党的领导是乡村治理体系现代化发展的根本保证。党的领导作用的发挥主要是通过党在农村中的一个个基层党组织实现,现代乡村治理体系的发展要求发挥村级党组织在农村社会治理中的领导作用, 要求作为领导核心的村级党组织充分发挥在乡村治理体系中的统筹协调功能,发挥政治优势、思想优势、组织优势,提升资源整合的能力。继党的十九大报告提出实施"乡村振兴战略"后,2019 年涉及农业的"中央一号"文件又特别强调指出了要充分发挥农民在乡村振兴中的主体作用,让农民真

正参与其中。为此,乡村经济社会的发展不仅应坚守村民自治,更应深化村民自治的实践。村级党组织是党与群众沟通的桥梁和纽带,没有党组织对村级自治组织的有效领导,以农民为主体的村民自治就会停留在文本上或缺乏自治的实质内容。因此,从农村实际出发,不断探索中国共产党依法治国领导方式在农村的实现形式,不断优化自治、法治、德治相结合的方式,实现乡村治理体系现代化,必须充分发挥村级党组织的领导核心作用。

三、推进乡村振兴战略精准落地的必然要求

在城市化的进程中,有着几千年悠久历史的中国乡村社会正在经历衰落,表现为农业经济的萧条和集体经济的衰退、传统文化的式微、村庄的空心化以及自然村数量的萎缩。乡村衰落的现象映射着一定历史时期内城乡经济社会发展的不平衡与不协调,也体现着农村社会发展不充分和相对贫穷的现实。[①]这也意味着现阶段人民日益增长的对美好生活向往的需求与发展不平衡不充分之间的矛盾,在农村表现得更突出,成为制约中国特色社会主义发展的因素。中国共产党历来关注"三农"问题,自党的十八大提出脱贫攻坚战略之后,党的十九大报告又提出乡村振兴战略,"乡村振兴战略,是党的十九大作出的重大决策部署,是决胜全面建成小康社会、全面建设社会主义现代化国家的重大历史任务,是新时代'三农'工作的总抓手"[②]。

村级党组织作为党在农村工作的第一线,是党的路线方针政策的领导者,乡村振兴战略需要通过村级党组织来具体实施和推进。村级党组织领导力的强弱直接关乎乡村振兴战略能否精准落地。习近平对村级党组织在乡

---

① 霍军亮、吴春梅:《乡村振兴战略下农村基层党组织建设的理与路》,《西北农林科技大学学报(社会科学版)》,2019 年第 1 期。

② 《中共中央国务院关于实施乡村振兴战略的意见》,《人民日报》,2018 年 2 月 5 日。

村振兴战略中扮演的角色曾作出经典的论述，他指出："要推动乡村组织振兴，打造千千万万个坚强的农村基层党组织，培养千千万万名优秀的农村基层党组织书记。"①可见，村级党组织和村级党组织的带头人队伍在整个乡村振兴战略的实施过程中都处于极其关键的地位，可以说村级党组织的组织领导力的提升对乡村振兴战略目标的实现十分重要。村级党组织领导力越强的村，乡村振兴战略推动得越好，乡村振兴战略的政策效益也越明显。

在乡村振兴战略这个大篇章中，要求村级党组织做到从本村的实际出发，根据村庄的实际构建出具有村庄特色的乡村产业体系，发展乡村的现代农业，实现"产业振兴"；要求村级党组织以产业为基础，营造良好的氛围，为吸引人才回乡作出努力，为回乡人才提供良好的平台，实现"人才振兴"；要求村级党组织积极推进乡村的精神文明建设，实现"文化振兴"；要求村级党组织树立科学的发展观，积极整治环境，实现"生态振兴"；要求村级党组织加强自身建设，深化村民自治，培育乡村社会组织，实现"组织振兴"。乡村的五大振兴对村级党组织的领导提出了新的要求，加强村级党组织领导力建设，是村级党组织胜任乡村振兴发展要求、实现乡村振兴战略目标任务的迫切需要。同时，村级党组织在推进乡村振兴的过程中，要做好脱贫攻坚与乡村振兴的结合，不可将这两个政策割裂开来，脱贫攻坚战略的实施同属于乡村振兴战略，脱贫攻坚任务事关群众共同富裕的乡村振兴战略目标。村级党组织尤其是贫困村的村级党组织处于农村脱贫攻坚任务的最前线，脱贫攻坚任务的顺利完成与村级党组织领导力建设水平息息相关。

---

① 《习近平李克强王沪宁赵乐际韩正分别参加全国人大会议一些代表团审议》，《人民日报》，2018年3月9日。

第三章
村级党组织领导力建设的现状及原因分析

党的十八大以来,党中央在加强村级党组织领导力建设的过程中,始终做到以全面建成小康社会、实现乡村振兴为遵循,以人民群众的支持与认同为立足点,不断加强村级党组织政治领导力、思想引领力、组织领导力、群众组织力、社会号召力,开创了党建引领乡村振兴发展的新局面,增强群众对村级党组织的满意度和认同度。与此同时,村级党组织的领导力建设还存在一些问题。

第一节　党的十八大以来
村级党组织领导力建设的成效

村级党组织推动乡村社会发展离不开广大人民群众的支持,群众对村级党组织支持和拥护程度的高低反映了村级党组织领导力的强弱。人民群众既是农村社会建设的主体,也是村级党组织领导力建设的最好评价者。习近平曾经指出:"时代是出卷人,我们是答卷人,人民是阅卷人。"①这一观

---

① 习近平:《在新进中央委员会的委员、候补委员和省部级主要领导干部学习贯彻习近平新时代中国特色社会主义思想和党的十九大精神研讨班上的讲话》,《人民日报》,2018 年 1 月 6 日。

点充分体现了我们对群众主体地位的认识，要求我们要有敢于让群众评价我们工作的勇气。根据人民群众的认同度，可以将村级党组织领导力建设成效归纳为以下四个方面。

一、塑造了村级党组织为民、务实、清廉的形象

政党形象是村级党组织软实力的外在体现，是吸引群众、实现群众认同最直观的情感性因素。一个政党要想拥有较强的组织群众、动员群众的能力，必须树立良好的政党形象，得到群众的信任与支持。党的十八大以来，针对长期以来村级党组织存在的不正之风和基层微腐败的现象，村级党组织在加强党的作风建设和反腐败斗争中取得较好的成绩，塑造了村级党组织为民、务实、清廉的形象。

一是加强党的作风建设。2012 年中共中央颁布的关于改进工作作风、密切联系群众的"八项规定"，让人民群众切实感受到党组织在工作作风方面的转变，提高了群众对党组织工作的满意度。2013 年党中央开展群众路线教育活动，以"为民务实清廉"为教育实践活动的起点，直面党员干部在实际工作中出现的四风问题，并通过"照镜子、正衣冠、洗洗澡、治治病"的查找方式，整治群众反映强烈的问题。在第二批次的活动中，更是把村级党组织作为关键环节整治四风问题，开展立标尺的"三严三实"活动，即要求党员干部要做到"严以修身、严以用权、严以律己，谋事要实、创业要实、做事要实"，外化党员日常工作和行为的标准，推动党组织作风建设的纵深发展。在全体党员中开展了"学党章党规、学系列讲话，做合格党员"的教育实践活动，消除党员干部存在理想信念动摇的现象。党的十八大以来在农村中开展党员实践教育活动，让长期没有受到党性教育的农村党员受到精神上的洗礼，转变不良的工作作风。

二是以零容忍的态度严厉整治腐败。党的十八大以来相继颁布和审议通过了《中国共产党内法规制定条例》《中国共产党廉洁自律准则》《中国共产党纪律处分条例》《中国共产党问责条例》等，加大对小微权力的监督和制约，从制度和机制上解决腐败问题。党的十八大以来的五年，全国纪检监察共处分村党支部书记、村委会主任 27.8 万人。[①]这充分体现了各级纪检监察机关对基层发生的侵害群众利益行为，对基层出现的党员干部违规违纪行为坚持零容忍的态度，坚持一查到底严惩不贷的原则。根据中央纪委国家监委网站公布，2018 年上半年全国各级纪检监察机关查处扶贫领域腐败和作风问题 4.53 万个，处理 6.15 万人。在查处的 4.53 万个案件中，截留挪用、优亲厚友、贪污侵占问题高发，共占 60.61%；形式主义、官僚主义占 35.51%；失职之责占 22.33%。在查处的 6.15 万人中，村干部比例占 61.28%。[②]基层反腐败斗争得到推进，塑造了村级党组织清正廉洁形象，满足广大人民群众对于中国共产党执政党形象的期待，增进人民群众对党组织的支持与拥护。以党的十八大为分界线，人民群众对于党风廉政建设的满意度从 2012 年的 75% 逐年增加到 81%、88.4%、91.5%，乃至增加到 2016 年的 92.9%。[③]人民群众对于党员的信任度也呈现上升的趋势。

二、锻造了一支忠诚、干净、担当的农村基层干部队伍

忠诚、干净、担当的干部队伍是村级党组织领导力的直观体现，促进群众对干部个体的凝聚转向对组织的凝聚，提高党组织在群众中的领导权威。

---

① 《揭开形形色色"蝇贪"嘴脸：有的优亲厚友 有的涉黑》，《中国纪检监察报》，2018 年 3 月 1 日。
② 《上半年查处扶贫领域腐败和作风问题四万多》，《人民日报》，2018 年 8 月 30 日。
③ 卫小妮：《乡村振兴战略下农村基层党组织建设研究》，兰州大学硕士学位论文，2019 年，第 37 页。

党的十八大以来,中国共产党尤为注重加强农村基层干部队伍建设,着力解决农村基层干部队伍的走读现象和官僚主义、形式主义作风问题,铸就了一支忠诚、干净、担当的农村基层干部队伍。他们真正做到始终把群众利益放在第一位,真正做到把人民的疾苦放在心上,把事关人民群众的小事当成大事,用忠诚行动回应群众的需求,问计于民、问需于民,做群众的勤务员,实现精准服务,用行动赢得民心。

一是第一书记、驻村干部。在脱贫攻坚战场上,中国创造了世界减贫事业的奇迹。贫困人口从 2012 年的 9899 万人减少到 2019 年底的 551 万人,截至 2020 年 2 月底,全国 832 个贫困县中,未摘帽县有 52 个。[1]在这个奇迹的背后,有 290 多万第一书记和驻村干部勇担责任,[2]他们干在实处,与群众心连心,用忠诚行动打通了精准脱贫的最后一公里,兑现着"全面建成小康社会一个也不能少"的庄严承诺,积极践行共产党人的初心使命,甚至还有不少的基层干部为之流血牺牲。根据国务院扶贫办在 2019 年国家第六个扶贫日公布的数据,截至 2019 年 6 月底已有 770 多名扶贫干部牺牲在脱贫攻坚的战场上。[3]这些优秀的共产党员、扶贫干部,为了实现广大人民群众的早日脱贫,永远地告别了自己的家庭,牺牲在脱贫攻坚的战场上。

案例一:"第一书记"黄文秀,2018 年 3 月到深度贫困村乐业县新化镇百坭村担任驻村第一书记,2019 年 6 月,黄文秀利用周末回家看望身患癌症刚做完第二次手术的父亲,因天气预报说晚上有暴雨,担心村民

---

① 《习近平:在决战决胜脱贫攻坚座谈会上的讲话》,共产党员网:http://www.12371.cn/2020/03/07/ARTI1583539277597125.shtml。

② 《习近平:在决战决胜脱贫攻坚座谈会上的讲话》,共产党员网:http://www.12371.cn/2020/03/07/ARTI1583539277597125.shtml。

③ 《2019,我们致敬扶贫英雄》,半月谈网:https://www.henandaily.cn/content/2019/1223/204040.html。

受灾,急着赶回村里,不幸在途中被突遇的山洪夺走了生命,年仅30岁。在她担任第一书记的短短一年多的时间里,百坭村贫困发生率从22.88%下降到2.71%。①

案例二:驻村干部陈庆松,奋斗在脱贫攻坚一线的关岭自治县新铺镇新龙村驻村干部,在大家的劝说下,仍坚持"这是脱贫攻坚的'关键期',我不能拖大家后腿",不幸在2020年1月13日突发急性心脏病,经抢救无效去世,年仅46岁。②

二是村干部队伍。当前,党在人民群众中的威信有了较大的提高,这主要是离不开一线村干部的努力。习近平指出:"领导的威信从哪里来?靠上级封不出来,靠权力压不出来,靠耍小聪明骗不出来,只有全心全意、尽心竭力、坚持不懈为人民办事,才能逐步地树立起来。"③村干部要想在农村中树立威信,就要脚踏实地地为群众办实事、真办事,赢得村民的支持与拥护。随着脱贫攻坚战略和乡村振兴战略的推进,乡土人才回流,大学生回乡,农民工返乡,他们中的很大一部分人都加入到村干部队伍中,为乡村振兴事业做出了巨大贡献。他们为群众干实事,以及舍小家顾大家的义利观,得到了群众的认可。如浙江义乌何斯路村在何允辉回归十年后发生巨变,2008年立志改变家乡贫困面貌的何允辉决定放弃经营火热的物流生意,回乡竞选担任村主任,2012年实行一肩挑,在他和村"两委"干部以及党员的带领下,何斯路村村民的人均收入从2008年的4587元增长为2018年的4.35万元。④无

---

① 《"第一书记"黄文秀:初心不灭 青春无悔》,共产党员网:http://www.12371.cn/2019/06/24/VIDE1561342081803449.shtml。

② 《关岭驻村干部陈庆松:生命,定格在脱贫攻坚"胜利"前》,新华网贵州频道:http://www.gz.xinhuanet.com/2020-01/17/c_1125473685.htm。

③ 习近平:《摆脱贫困》,福建人民出版社,1992年,第14页。

④ 张紧跟:《延揽乡贤:乡村振兴中基层党组织带头人建设的新思路》,《中共福建省委党校学报》,2019年第6期。

独有偶,浙江省天台县后岸村的蜕变也有异曲同工之妙,2007 年,在乡情的感召下,在外经商多年的陈文云毅然将生意交给亲戚打理,回乡担任村主任,后来兼任村支部书记,为村民办实事。在他提出"关闭石矿、修复环境、发展农家乐"的战略后,村庄走上绿色可持续发展的道路,村民也摆脱石肺病的痛苦。在 2010—2016 年,村集体收入从零增长到 340 多万元,人均收入从2011 年的 6000 多元增长到 2017 年的 4.2 万元。[①]还有无数的村干部,他们有的虽然年龄偏大,但是不变的是为乡亲们办实事的初心,他们在执行一系列惠农政策的过程中,能够做到舍小家为大家,始终做到坚守初心、赢得民心。

三、促进了大部分的困难群众脱贫致富

脱贫攻坚战略体现社会公平的原则,体现共同富裕的社会主义本质要求。在新的历史条件下,村级党组织要不断提升领导力,更要强化对广大农民的利益保障,提升落实脱贫攻坚战略的能力。习近平说:"我们不能一边宣布全面建成了小康社会,另一边还有几千万人口的生活水平处在扶贫标准线以下,这既影响人民群众对全面建成小康社会的满意度,也影响国际社会对我国全面建成小康社会的认可度。"[②]在"实现到 2020 年我国现行标准下农村贫困人口实现脱贫、贫困县全部摘帽"的全面建成小康社会的奋斗目标的指引下,分布在精准扶贫第一线的村级党组织团结带领群众顽强奋斗,脱贫攻坚成效显著。根据表 3-1 显示:2013—2019 年,我国农村贫困人口从9899 万减少到 551 万,贫困发生率从 10.2%减少到 0.6%。

---

① 张紧跟:《延揽乡贤:乡村振兴中基层党组织带头人建设的新思路》,《中共福建省委党校学报》,2019 年第 6 期。

② 《十八大以来重要文献选编》(中),中央文献出版社,2016 年,第 775 页。

表 3-1 2013—2019 年全国农村贫困人口和贫困发生率①

年份(年)	2013	2014	2015	2016	2017	2018	2019
贫困人口(万)	9899	7017	5575	4335	3046	1660	551
贫困发生率(%)	10.2	7.2	5.7	4.5	3.1	1.7	0.6

脱贫攻坚取得惊人成绩的背后，是无数党的各级组织和各级干部带领人民群众和农村中的各类组织奋斗的成果。各地区在脱贫攻坚的过程中,能够坚持"授人以鱼,不如授人以渔"的原则,激发困难群众的内生动力,能够做到将产业经济发展作为脱贫攻坚的根本任务，结合所在村庄的资源禀赋优势,探索适合本村发展的路子,发展新型业态经济,带动了一方经济的发展,给贫困人民带来福利。根据有关数据统计,在建档立卡的贫困人口中,90%以上的人口得到了产业扶贫和就业扶贫支持,2/3 以上的贫困人口主要依靠外出务工和产业脱贫,工资性收入和生产经营性收入占比上升,转移性收入占比逐年下降,困难群众的自主脱贫能力稳步提升。832 个贫困县农民的人均可支配收入从 2013 年的 6079 元增加到 11567 元，全国建档立卡的贫困户的人均收入从 2015 年的 3416 元增加到 2019 年的 9808 元。②笔者在实际调研时,有位贫困户感慨,真想不到短短几年时间内,自己能够过上好生活,感谢党提供的帮助。在贫困人口中,党中央对弱势群体的脱贫问题尤为关注。截至 2018 年底,贫困残疾人累计脱贫 511.8 万,全国已有 280 万重病重残贫困人口纳入低保范围。③

---

① 根据国家统计局发布的农村贫困人口数量和贫困发生率整理。

② 习近平:《在决战决胜脱贫攻坚座谈会上的讲话》,共产党员网:http://www.12371.cn/2020/03/07/ARTI1583539277597125.shtml。

③ 《511.8 万贫困残疾人脱贫 280 万重病重残贫困人口纳入低保》,《人民日报》,2019 年 8 月 25 日。

四、促进了乡村社会面貌的极大改变

对于村级党组织而言，乡村经济社会面貌的改变是群众衡量村级党组织领导力强弱的直观的外在指标。党的十八大以来，党和国家不仅关注贫困地区和贫困人民的增收问题，同时也很关注整个农村、农民、农业的发展问题。村级党组织将乡村振兴战略放在政治任务的高度，以高度的责任感带领人民群众落实乡村振兴战略，促进乡村面貌的极大改善。

一是推动农村经济发展。村级党组织是党在农村领导经济建设、促进经济发展的核心力量，其功能与作用的发挥首先必须体现在对农村经济的引领。《中国共产党农村基层党组织工作条例》明确规定："党的农村基层组织应当加强对经济工作的领导，坚持以经济建设为中心，深化农村改革，发展农村经济，增加农民收入，减轻农民负担，提高农民生活水平。"新时代背景下，村级党组织要按照"产业兴旺"和"生活富裕"的新目标，转变思想观念，在推进乡村振兴的实践中不断强化引领经济发展的能力。这使得农民的收入得到了提高，城乡收入消费结构相对缩小。根据资料统计，从 2012 年到 2017 年，农村居民人均收入从 7917 元提高到了 13432 元，累计增加了 5515 元，全国农民收入增加 50%。[①]大部分村级党组织都能够做到不断壮大村集体，增强村集体经济在带动个体经济发展上的辐射效应，推动村集体经济的转型升级，释放村集体经济发展的社会效应。全国 6.7 万多村庄的村民，在推进农村集体产权制度的改革方面获得了 2840 亿的累计分红。[②]同时，各地还积极开展农民的职业技能培训工作，提升群众适应市场经济的能力，解决农

[①] 《笑！农民收入芝麻开花》，《农民日报》，2018 年 2 月 24 日。

[②] 安佳：《十八大以来中国共产党"三农"政策调整与创新研究》，西安理工大学硕士学位论文，2019 年，第 38 页。

村劳动力结构性矛盾的问题。如山西省实施本土人才培养计划,目前累计培训农村劳动力 22.22 万人;广东省积极培育新型农民,目前培训新型农民 3 万人;贵州省累计培训农民 22 万人。①

二是改变乡村社会的生活面貌。新时代背景下,村级党组织按照"生态宜居"的乡村振兴战略总要求,提升生态文明建设力,改善了群众的生活条件。党的十八大以来,农民的居住条件得到了较大的改善,960 多万贫困人口通过易地扶贫搬迁既摆脱了"一方水土养活不了一方人"的困境,也改善了居住环境。②在棚户区改造和危房改造方面,2018 年分别改造了 620 多万户、190 万户,累计改造农村危房超过 1300 多户。农村的饮用水也有了较大的改善,越来越接近 2020 年 80% 以上的农村自来水普及率及 85% 以上的集中供水,农村的水质达标率和供水保障得到了大幅度的提升。③农村能源通信方面也得到了较大的改善,接近 90% 以上的村落实现了通宽带和互联网,农村电子配送的网点也越来越多,百分之百的农村实现了通电和通电话。④农村的人居环境、生态环境也越来越好,美丽乡村和生态乡村建设,有效地改善了农村"脏、乱、差"的人居环境,农村的生活垃圾得到了集中处理,并且在厕所革命的推动下,各地区也在有步骤地实施厕所改造。

三是改变乡村社会的精神面貌。"乡风文明"反映了乡村社会中特定的乡村思想道德状况和行为方式,体现了乡村社会的精神面貌,是群众乡土生活的精神家园,是乡村生活的魅力所在。党的十八大以来,村级党组织深刻

---

① 全国人民代表大会农业与农村委员会:《乡村振兴战略实施情况的调查与思考》,《中国合作经济》,2019 年第 2 期。

② 习近平:《在决战决胜脱贫攻坚座谈会上的讲话》,共产党员网:http://www.12371.cn/2020/03/07/ARTI1583539277597125.shtml。

③ 安佳:《十八大以来中国共产党"三农"政策调整与创新研究》,西安理工大学硕士学位论文,2019 年,第 40 页。

④ 安佳:《十八大以来中国共产党"三农"政策调整与创新研究》,西安理工大学硕士学位论文,2019 年,第 40 页。

认识到乡风的价值,帮助群众重建精神家园。村级党组织通过加强对农民的思想政治教育,采取灵活多样的方式开展农民的日常教育,强化群众的集体意识,提升农民的个人品德。一些古村落的村级党组织充分认识到保护乡村的农耕文化和古村落文化的价值,传承并保护村落文化。村级党组织通过加强乡村公共文化体系建设,建设好乡村的文化广场、乡村书屋、乡村道德讲堂,满足群众的文化生活需求。如贵州省 2018 年以来先后为 71 个乡镇 1000 个贫困村和 142 个数字文化驿站配置了公共数字设备。湖北省建设乡村基层文化广场 1 万个。①

党的十八大以来,党和国家不断加大了对"三农"的支持力度,增加对农民的补贴,不断扩大对乡村的公共设施和公共服务的投入,既改变农民的生活面貌,又改变农民的精神面貌。在脱贫攻坚和乡村振兴战略的推进与实施中,群众真正成为受益人,真正享受了改革开放的成果,在乡村面貌的改善中,群众对村级党组织的认同度逐渐提升。

案例:日子越过越红火——甘肃渭源县元古堆村脱贫调查②

甘肃元古堆村,过去长期村落凋敝,人称烂泥沟,是典型的深度贫困村。2012 年,全村 447 户 1917 人,人均可支配收入 1466 元,贫困发生率高达57%。如今的元古堆村,呈现硬化路、自来水、安全房的新风貌,并入选了第二届"绚丽甘肃·十大美丽乡村"。2018 年全村人均可支配收入超过 1 万元,建档贫困户人均可支配收入 6970 元,贫困发生率降至2%。群众生活好了,乡村面貌变样了,聊起村里的新生活,乡亲们说得最

---

① 全国人民代表大会农业与农村委员会:《乡村振兴战略实施情况的调查与思考》,《中国合作经济》,2019 年第 2 期。

② 《日子越过越红火——甘肃渭源县元古堆村脱贫调查》,新华网:http://society.people.com.cn/n1/2019/0913/c1008-31352809.html。

多的一句话是:"脱贫不忘总书记,致富感谢共产党。"这句质朴的话,饱含了对党无尽的感激,饱含了村民对党组织的信任之情。然而就在几年前,这里的村级党组织也和别的贫困地区的村级党组织一样软弱涣散,一些村干部不理公事,村民没事不找村干部,有事办不成骂村干部,办事不顺心告村干部。近年来,村级党组织聚焦党建凝聚人心,狠抓村级党组织领导力建设,实干带领群众脱贫致富,实干换取了群众的信任。现在村民的日子越过越红火了,元古堆村也越变越美了,村民对村庄今后的发展也提出了更多的期待。

第二节　村级党组织领导力建设存在的问题

村级党组织领导力建设的成效表明,大部分村级党组织都能在推进农村社会改革、决战决胜脱贫攻坚、推动乡村振兴的过程中发挥领导核心作用,群众对村级党组织的认同度也在逐渐提升。可以说,大多数村级党组织都是积极变革者,而不是消极适应者。但同时,部分村级党组织领导力建设仍存在不足。

一、部分村级党组织的政治领导力仍需强化

在村级党组织领导力建设的五力中,政治领导是核心。没有政治领导,村级党组织领导力建设就没有了方向,没有了归宿。政治领导是村级党组织的领导力建设保持正确方向、取得实效的根本保证。党的十八大以来,针对管党治党宽松软的问题,推进全面从严治党向基层延伸,加强村级党组织的政治建设,强化了村级党组织的政治领导功能,但是仍有部分村级党组织政

治领导力不够突出的问题,具体表现如下:

一是覆盖范围出现偏差。《中国共产党农村基层组织工作条例》(以下简称《新条例》)中关于农村基层党组织的领导地位表述差别在于增加了"全面"这一限定词,明确表明领导范围覆盖更加全面。这也意味着村级党组织要领导村庄内部的经济、政治、文化、社会、生态及党建任务。事实上,部分村级党组织仍然存在重经济发展轻文化发展、生态发展的现象,村级党组织在某种程度上强化了自己的政治职能和党建职能,没有将政治职能与社会治理职能相互联系起来,存在"小党建"思想。

二是部分村级党组织领导基层民主政治的能力不足。在民主选举环节,虽然村民的参与积极性普遍较高,但仍存在拉票贿选的现象。在民主决策环节,极少数的村党组书记习惯大小事情自己说了算,在会议中习惯"一言堂",习惯凭一己之力作决策,形成了独断专行的领导作风,导致领导班子的其他成员长期处于弱势地位,不愿意或不善于发表个人意见,从而影响民主集中制的发挥。有的村党支部书记作决策时大局意识不强,作出的决策方案过分考虑家族利益,习惯于搞小圈子。少数村庄村里的重大事项大部分都是由村"两委"决定,没有严格按照"四议两公开"的程序作决策,即使开会也是走过场,四会合并是常有的事,村民大会和村民代表大会的人数较少,且出席会议的村民或村民代表很少发表意见。在民主管理环节,一些软弱涣散的村级党组织的政治领导能力较弱,存在村务公开不够的问题,公开的内容一般是乡镇政府硬性要求公开的内容。在民主监督环节,村务监督委员会和村民规约发挥的作用比较有限,如田华的调查显示,在 S 镇 90%的村都成立"一约四会",即村民规约、村务监督委员会、扶贫理事会、红白理事会、道德评议会,但是四会发挥的作用仅占 5%。[①]

[①]　田华:《农村基层党建引领乡村振兴的困境及出路研究——以 S 镇为例》,山西大学硕士学位论文,2019 年,第 22 页。

三是少数村级党组织开展党内政治生活的严肃性有待增强，仍有极少数的村级党组织将党内政治生活形式化，出现签到、走过场的现象，即使是"三会一课"、民主生活会、主题党日活动等常规的组织生活也难以正常开展。上级部门对农村党建的检查方式主要是通过材料查看，集中检查签到表、会议记录、图片或影像材料。虽然上级部门的检查能够起到一定的督促作用，但是效果并不明显。笔者在调研中发现，部分村都是为应付上级部门的检查，临时赶制出来相关材料。一些村级党组织的党内政治生活缺乏创新性，和本村庄的实际结合不足，倾向于完成上级的"规定动作"，"自选动作"与村庄的中心工作和基层治理工作结合不够。

二、部分村级党组织的思想引领力发挥不够

思想引领力，不是外在的强制力，是建立在共同理想认识基础之上、共同理想目标追求之上的自觉自愿的向心力。[①]思想引领力可以看作村级党组织领导力建设的软实力，在凝聚民众的政治共识方面发挥"水泥"的作用，是凝聚群众认同的最为持久的、内在的力量。因此，作为马克思主义执政党必须充分认识到思想引领功能的重要性。但是在实践中，部分村级党组织存在对思想引领功能发挥不够的现象。

一是部分村级党组织对思想宣传的重要性认识不足。进入新时代，针对基层党建面临的突出问题，特别是"四大危险""四大考验"的严峻挑战，以习近平同志为核心的党中央将思想引领摆在了突出的位置。但是从现实来看，仍有部分村级党组织没有认识到传播社会主义先进文化和马克思主义意识形态的重要性，没有将其上升到战略高度，对加强农民思想政治教育工

---

① 戴焰军：《不断增强党的思想引领力是实现党的全面领导的内在要求》，《中国党政干部论坛》，2018年第3期。

作的紧迫性认识不足。表现为部分农村基层干部仍然将经济工作和扶贫工作视为工作的重心,思想政治教育工作让位于经济工作和扶贫工作的现象。一些地区没有将群众的思想政治教育工作当作一项专门系统的工作来抓,缺乏统一规划和系统的指导。村级党组织做思想政治工作往往是为了解决短期问题,而不是着眼于群众能力素质提升的系统化规划和培训。如笔者在H市调研时,随机抽取的帮扶人、村干部,他们都表示没有专门针对农民的思想做工作,针对农民举办的培训很少,只有对于极少数不愿意脱贫的群众,村支部书记、帮扶人才会反复地去做群众的思想工作。

二是部分村级党组织思想宣传的方式方法较为落后,缺乏生动性,创新性不足。有些贫困地区对脱贫政策的宣传主要依靠贴墙报的方式,对象局限于在村的村民。虽然乡村的文娱物质载体较为丰富,但是和大多数农村一样,村级党组织开展群众思想教育工作主要是以党组织活动、开会的形式为主,以讲授式的理论教育为主,群众的思想教育缺乏生动性。村级党组织和村民小组组织文体活动比较少,一般都是过年的时候组织一次。有些村级党组织能够做到积极下村宣传政策,但是几乎都是按照上级的文件精神和会议精神进行简单的宣讲,不注重与农村发展的实际情况和群众的自身情况相结合,缺乏耐心细致地向群众进行说服教育。针对思想教育内容,村级党组织关于马克思主义意识形态、脱贫攻坚战略、乡村振兴战略的宏观上的宣传较多,而针对与群众生活关系较为紧密的具体的政策条文的宣传力度不够。

三、部分村级党组织的群众组织力仍需提升

党的十九大报告首次提出了群众组织力的概念。群众组织力是组织生命力的具体体现,增强群众组织力是马克思主义政党的本质要求。马克思主义政党要实现崇高的理想和远大的目标,仅仅依靠马克思主义政党自身的

力量是远远不够的，必须将人民组织起来。将群众组织起来，是村级党组织在新时代背景下担负起新的历史使命的必然要求。新时代背景下，新媒体技术的发展、农村党组织和党员规模的扩大、农村集体经济的发展促进了群众的再组织化发展。但仍有部分村级党组织的群众组织力仍需提升。

一是部分村级党组织组织群众的能力仍需提升，表现为当前农民参加农户合作社的比率仍然比较低，部分村级党组织对农村合作社发展的重视不够。截止到 2017 年 7 月底，"全国依法登记的农民合作社达 193.3 万家，入社农户占全国农户总数的 46.8%"①。这意味着还有将近一半的农民没有组织起来。根据张素罗、张焘对河北省 838 户农民进行调研的数据显示，在已经拥有农民合作组织的村庄中，"54.2%的农户没有参加任何合作组织"②。部分村级党组织为了完成上级指标任务，采取行政推动的方式成立合作社，这类合作社往往存在"要我发展"的意识，与农户之间的利益联结度不高。部分村级党组织不注重考察合作社的创办初衷，使得一些为了套用国家优惠政策的人创办了合作社，稀释了政策效益。部分村级党组织不注重引导合作社的后续发展，为合作社发展提供的服务不够。"促进农民专业合作社健康发展研究"课题组通过对 8 省（自治区）12 县（市、区）614 份农业专业合作社问卷、30 余家农民专业合作社的访谈发现，各地区都不同程度地存在空壳农民专业合作社的问题。③"空壳合作社"，处于没运行、没收入、没分配的状态，与农户之间并没有真正形成互助合作的关系，并没有真正将群众组织起来。

二是部分村级党组织服务群众的能力需要提升。少数村级党组织服务

---

① 《抓好法律贯彻落实推动合作社健康发展——〈中华人民共和国农民专业合作社法〉实施十周年座谈会发言摘登》，《农民日报》，2017 年 9 月 5 日。

② 张素罗、张焘：《新农村建设中农民组织化的现实困境与路径选择——基于河北省 838 个农户的调查》，《江苏农业科学》，2015 年第 1 期。

③ "促进农民专业合作社健康发展研究"课题组：《空壳农民专业合作社的形成原因、负面效应与应对策略》，《改革》，2019 年第 4 期。

群众的方式方法较为落后,仍然习惯于传统依赖行政权力的命令式、官僚式的群众工作方式。表现为部分党员干部并不能很好地处理党群关系,缺少和群众之间的沟通,存在命令主义和尾巴主义的领导行为,不能运用说服、示范、引导的方式引导群众。少数党员干部工作方法简单,习惯于发号施令,不愿意走进群众,不深入实际调研,面对群众的实际困难和诉求,显得束手无策。此外,官僚主义、形式主义的现象严重。近年来,由于脱贫攻坚压力巨大,官僚主义和形式主义在农村工作中的表现突出,2019 年 3 月 11 日,中共中央办公厅印发《关于解决形式主义突出问题为基层减负的通知》,可见,政策执行中的形式主义问题已经成为困扰农村基层工作的主要顽疾。一些村干部政策的落实过程主要依靠"痕迹"的方式加以推动,如相关工作都围绕制定多少文件、传达多少精神等所谓"可见材料"或痕迹而转动,一些村干部在接受上级部门检查的过程中,将主要精力用于准备各种材料。甚至极少数的基层干部为了给上级督查组留下好印象,加班加点地造假材料。

四、部分村级党组织的社会号召力较为薄弱

处理好村级党组织与多元社会组织的关系体现着村级党组织高超的领导能力,还决定着党在农村社会根基的巩固。随着农村社会的发展,面对农村社会阶层的分化、利益的分化,村级党组织作为农村社会发展的领导者,面对多元异质的社会状态,面对人民对美好生活的期待,以及推动乡村振兴和脱贫攻坚发展难题和不确定性风险,如何提升社会号召力,让村民和多元社会组织真正参与其中,构建价值同心圆,成为考量村级党组织领导力强弱的重要方面。然而从当前的现实来看,部分村级党组织的社会号召力较为薄弱。

一是村级党组织在吸引人才回流方面的力度不够。在广袤的乡村地区

出现了乡村空心的现象。根据《中国流动人口发展报告 2018》显示,在新生代流动人口中,"80 后"所占比重为 35.5%;其次是"90 后",占 24.3%;"00 后"和"10 后"的占比分别为 19.3%和 20.9%。①青壮年劳动力的流出使得农村的妇女、儿童、老人成为农村中的常住人口,桂华指出从事耕作的多为 50 岁以上的中老年人和部分 70 岁以上的健康老人。②西部落后地区仍有大量的留守村,这将直接导致村民自治的发展受到制约。如在民主决策环节,《中华人民共和国村民委员会组织法》规定:"召开村民会议,应当有本村十八周岁以上的村民过半数,或者本村三分之二以上户的代表参加,村民会议应当经到会人员的过半数通过。"实际情况是人口流出较为严重的空心村的到会人数往往达不到要求,并且由于村庄大多数青、中年劳动力外流,村庄成为弱势群体的根据地,参与者的能力素质不高。表现为一些贫困户受教育水平不高、思想比较保守,对与自己切身利益无关的事务参与积极性不高。农村社会中大量青年离开家乡,农村剩下的一般是留守儿童、空巢老人和农村妇女,这部分群体往往在政策参与中处于弱势地位,他们的知识素养、获取政策信息的能力不足,关心村庄政治的意识不强,很少主动参与政治。而"离土又离乡"的农民,返乡参与村庄政治的成本较高,参与的意愿不强。

二是村级党组织吸引社会多元力量参与不足。社会协助、鼓励社会多元力量参与是新时期我们振兴乡村的主要方式,近几年,社会多元力量也在不断流入农村,但是社会参与的深度不够。尽管当前相关省市通过第一书记、驻村干部、大学生村官、三支一扶等方式选派大量的帮扶力量下沉到农村,但是他们当中有一部分确确实实没有将扎根农村作为一个长期的想法,有

---

① 国家卫生健康委员会:《中国流动人口发展报告 2018》,中国报告网:http://news.chinabaogao.com/gonggongfuwu/201812/12243Y3312018.html。

② 桂华:《新时代我国"三农"政策中的十对辩证关系——乡村发展的战略与策略》,《北京工业大学学报》(社会科学版),2019 年第 6 期。

些第一书记只是将其当成下乡的基层经历,任期满了就回派出单位。一部分大学生村官只是将其视为一个跳板,缺乏在农村长期扎根的想法和计划。农村民间社会组织缺乏专门的人才、信息不全、专业化程度低、资金不足、管理松散等制约社会组织的协商能力。来源于社会,凸显服务性质的诸如社区组织、公益类社会组织的发展却相对滞后,满足不了乡村社会发展的需要。此外,村级党组织在引导农村社会组织挖掘社会资源方面也存在不足,在价值引导、政策宣讲及提供服务等方面的能力不足,在一定程度上也制约社会组织参与乡村治理的深度。

五、部分村级党组织的组织领导力仍需提升

村级党组织的组织领导力在很大程度上表现为农村党员干部的领导能力。当前,部分村级党组织的组织领导力偏低表现为少数村干部的能力素质不强,少数党员的先进性发挥不够。

一是少数村干部的政治素质不够过硬。实施乡村振兴战略对村干部队伍提出了既要懂经济又要精党务、既要会管理又要善服务的新要求。《中国共产党支部工作条例(试行)》提出,党支部书记应当具备良好的政治素质。从这些标准可以看到,村干部队伍要符合政治素质过硬的要求。对照这个标准,少数村干部没有做到将农民群众利益放在首位,致使政治意识淡漠、理想信念不坚定,出现弄虚作假、贪污腐败的问题。少数村干部政治使命感、责任感不强,在农村中申请贫困户、低保户、危房改造的过程中存在优亲厚友、以权谋私的行为。中纪委在 2017 年 3 月和 8 月曝光的总共 17 起扶贫领域的典型案件中,村干部腐败案件占了 9 起。彭小霞通过对这 9 起案件进行分析发现,涉及群众切身利益的在农村旧房翻新、新房建造中发生的腐败

案件最多,占了 4 起。①小微腐败问题极大地损害了党在群众中的形象。存在少数村干部理想信念不够坚定的现象,如果村干部信念不够坚定,又怎么能要求党员以及群众给予党组织充分的支持与信任呢? 笔者在调查中发现,少数村干部理想信念不坚定表现为极少数村干部,尤其是西部地区的留守型村庄的村干部对带领群众实现脱贫致富、实现乡村振兴的信心不足。少数村干部对乡村振兴事业缺乏热情,面对困难,出现畏难情绪,不想得罪人,尤其是旧村改造工程,因涉及利益面太广,矛盾太尖锐,不愿意积极主动推进。

二是部分村干部的综合能力不强。在西部农村地区,村干部普遍存在年龄老化、文化偏低、观念陈旧、缺乏市场经济的相关知识和必要的科技知识的现象。刘辉、梁义成通过调查西部农村 4 县 155 位村干部的胜任力,得出结论,西部地区村干部胜任力的总体水平比较高,与村干部个人的影响力和成就欲望相比,管理能力水平比较低。②这里的管理能力主要是指决策能力、创富能力、组织能力等。在西部地区的农村,部分村干部思想观念落后,法治观念缺失,工作方式方法过于保守传统,沿用过往经验主义的逻辑,工作缺乏创新精神。部分村干部不太注重学习党的方针政策精神,不善于将上级的方针政策与本地区的实际相结合,习惯盲目跟风,工作缺乏创新性,使得党中央的政策在执行中出现了执行偏离的现象。有的村党支部书记观念陈旧,存在官僚主义的作风,无视各种规章制度,无视群众的需求,造成干群关系紧张的局面,损害了党在群众心目中的形象。

三是部分党员的先进性不强。当前少数农村党员对自身的权利责任认识不清,党员的主体意识较为薄弱,不能充分发挥主人翁的精神,甚至将自己混同于普通村民,对党支部的监督不到位,间接上纵容了村干部的违法行

① 彭小霞:《农村扶贫中村干部的腐败问题及其法治化治理》,《兰州学刊》,2019 年第 1 期。
② 刘辉、梁义成:《西部农村村干部胜任力的实证分析——基于 4 县 155 位村干部的调查数据》,《西北人口》,2012 年第 2 期。

为;对党员权利的严肃性认识不足,出现默认潜规则的现象;对党组织的决策采取默许和接受的态度,不善于表达个人的意见,导致党支部的向心力和凝聚力减弱。少数党员的责任感、使命感不强,在农村经济社会发展中迷失自我,出现追名逐利的行为,党员的先进性体现不出来。部分农村中70岁以上的老党员、贫困党员、流动党员、无职党员的作用发挥较少。农村中的一些老党员往往处于养老的状态,他们在村庄的政治社会生活中不再扮演积极主动的角色,因此发挥作用的范围和能力受限。流动党员这部分群体视野开阔,有一技之长,但是目前他们的先锋模范作用却是打折扣的,他们不热心村庄事务,甚至少部分党员长期游离于组织之外,成为"口袋党员"。贫困党员在市场经济浪潮的冲击下,自带的先进性光环已经消失,他们难以在带领群众致富中发挥作用。至于无职党员,他们容易将自己混同为一般群众,发挥作用的自觉性不够。

第三节　村级党组织领导力建设存在问题的原因分析

领导力只是领导力概念谱系中的一个环节,无论领导力包含的领导能力有多少种,都来源于领导过程并最终要应用到领导过程中去。[①]因此,本节主要是将村级党组织的领导力看成一个整体系统,根据领导情境理论,从村级党组织领导力建设的组织内部因素、农村基层干部队伍因素、群众因素、乡村治理结构因素、村集体经济发展因素五个方面,分析村级党组织领导力建设存在问题的原因。

---

① 中国科学院"科技领导力研究"课题组:《领导力五力模型研究》,《领导科学》,2006年第9期。

一、村级党组织自身建设不足是制约领导力的组织因素

一些村级党组织在乡村振兴和脱贫攻坚战中没有很好地发挥作用,自身建设不足是内在制约因素。对于村级党组织来说,其领导力的实现、维持和发展主要是靠村级党组织努力来实现的。正所谓"打铁还需自身硬",如果一个党组织自身软弱涣散,就难以在群众中形成凝聚力和感召力。

(一)部分村级党建工作形式化

全面从严治党背景下,部分村级党组织出现党建形式化的现象,村级党建形式化主要是指村级党组织的党建工作陷入日常的"做作业"之中,党建出现文牍化的现象。村级党建形式化的现象使得农村党员干部忙于整理各种形式化的材料,组织活动的形式化达不到真正提升党员能力素质的效果,进而影响村级党组织领导力建设。村级党建形式化表现为两个方面:

第一,村级党建脱离基层治理工作。村级党建不能很好地适应农村经济社会发展的需要,除了受到外部环境的影响之外,还与村级党建与基层治理和中心工作结合不够有关。加强村级党建的规范化、标准化建设固然重要,但是如果村级党建与基层治理相互脱节,就会使得党建工作脱离生动的实践,而陷入为党建而党建的怪圈,弱化了党组织的吸引力。在农村社会中,党建工作与基层治理和乡村发展是息息相关的,党建工作的实际内容要融入实现有效治理、实现乡村社会的发展的过程中,融入具体执行基层治理的任务过程中,这样党建工作才有抓手,才有效果。

第二,村级党建脱离群众工作。"从群众中来,到群众中去"的基本工作方法是我们做好一切党建工作的法宝,村级党建工作需要激发群众的主体性,发动群众才能做得更好。目前,部分村级党组织在做党建工作的过程中,

群众路线被迎检方式代替,做群众工作注重留痕而不是留心,严重影响了村级党组织的领导力建设。

(二)部分村级党组织组织结构不够优化

村级党组织的组织设置不够优化问题影响了村级党组织领导力建设。在横向层面仍有部分村级党组织的组织覆盖面存在空白点,滞后于农村社会环境的变化。随着市场经济的发展和农村社会改革的不断深入,农民专业合作社、农业公司、农业经济机构等农村非公经济组织和农村社会组织不断涌现,并且在促进农业发展、促进农民增收中发挥了重要作用。但是村级党组织在农村社会组织、非公经济组织的覆盖上仍存在空白点,据中组部统计,截至 2016 年底,在全国社会组织法人单位中建立党组织的有 28.9 万个,占总数的 58.9%。[①]这意味着村级党组织在这个领域仍存在覆盖不到位和工作存在空白点的情况。并且由于"两新"组织不是由于行政体制催生的,而是市场经济发展的结果,其发展对于市场的劳动力、土地、资源的要素要求较高,传统党组织局限在地域范围内的垂直设置并不能满足其对跨村、跨地域资源配置的需求。如果村级党组织不注重在农村合作社、农业协会等农村经济社会组织中建立党组织,不注重加强村级党组织对农村经济社会组织的领导,村级党组织领导力的资源就会不断缩小。

在纵向层面,村级党组织的数量日益减少,通过整理中共中央组织部从 2012 年开始公布的历年《中国共产党党内统计公报》的有关数据,我们可以发现,2012 年有 58.8 万个建制村建立了基层党组织,2018 年已缩减为 54.5 万个,[②] 2018 年比 2012 年减少了大约 4.5 万个村级党组织。这说明村级党组

---

① 周光辉、王海荣、彭斌:《突出政治功能:新时代基层党组织建设内涵、意义与实践路径分析》,《理论探讨》,2019 年第 3 期。

② 中共中央组织部:《2018 年中国共产党党内统计公报》,共产党员网:2019-09-22.http://www.12371.cn/2019/ 06/30/ARTI1561860413392572.shtml。

织的分布也进行了较大范围的合并，调整后的农村基层党组织面临覆盖面广、辐射区域大，以及"半熟人"社会的转变，这在一定程度上加大了党组织有效开展工作的难度，以行政村为单位的党支部的设置形式与传统的农村治理相矛盾，这会给村级党组织领导乡村治理带来较大的不便利。与行政村相比，自然村（村民小组）的村庄社会关联度更高，村民采取集体行动的意愿更强。建立在自然村（村民小组）上的村级党组织，在贯彻执行上级政策时，如果充分运用村民建立起来的地缘关系、血缘关系、互惠关系，往往会产生意想不到的收获。笔者在经济发达地区 N 市 N 县、经济欠发达地区 H 市 Z 县的调研中发现，村级党组织在事关群众利益的土地流转、宅基地问题上都是充分运用自然村原有的关系。在开展异地扶贫的过程中，部分贫困村整体搬迁，村村合并后的党员数量增加，但是实际中却没有根据数量变化做相应调整，导致部分村级党组织出现党员数量过多、管理不善的情况。

此外，目前并没有对党的十八大以来创新的以兴趣、爱好和谋生手段为标准的组织设置方式上升到法律层面，这在一定程度上影响了村级党组织的组织设置，甚至一些地区出现组织设置相对混乱的现象，制约了村级党组织的发展。

（三）部分村级党组织不够团结统一

村级党组织要完成新时期面临的乡村振兴、实现小康社会的历史任务，首先要求党员能够做到团结统一，做到心往一处想、劲往一处使。当前，部分村级党组织在思想上、组织上、行为上有不够统一的现象，影响了村级党组织领导力的建设。

一是思想上不够统一。习近平指出："只有全党思想和意志统一了，才能统一全国各族人民思想和意志，才能形成推进改革的强大合力。"[1]村级党组织

---

[1] 《习近平谈治国理政》（第一卷），外文出版社，2018 年，第 90 页。

要完成新时期面临的乡村振兴、实现小康社会的历史任务,必须要求党员队伍坚定理想信念。乡村振兴战略需要农村党员充分发挥先锋模范作用,需要统一全体党员的价值取向,要求全体党员具有共产主义的价值观、人生观以及极强的牺牲精神和奉献精神。当前,在乡村社会中涌现出大量先进的党员,大部分党员能够坚守中国共产党的核心价值观,但是仍有少部分党员受到市场经济多元价值取向的影响。思想上松一寸,行动上将会松一尺,思想上的不统一将直接导致党员的先进性和模范作用受到影响。一些党员对待农村经济社会的发展缺乏正确的认知,对党员身份缺乏有效的认同,淡化了党员宗旨意识,放松了对自己思想上的要求。这种思想反映到党内,就容易使得共产主义的理想信念、共产党员的义利观、共产党员的劳动观、共产党员的宗旨意识等受到影响。少数党员不再将为人民服务作为宗旨意识,认为这是老实人吃亏,不热心村庄的公共事务,对邻里纠纷采取明哲保身的态度。少数党员不再奉行集体主义原则,当个人利益与集体利益相冲突时,存在个人利益至上的观点,少数党员不再热衷于参与党内事务,而是致力于赚钱养小家,尤其是外出务工的流动党员返乡成本高并耽误务工,参与村庄公共事务的意识更弱。

二是组织上不够统一。党的团结统一与集中领导是分不开的,没有集中的领导就谈不上组织上的统一行动。而保证集中领导的制度就是民主集中制。通过民主的程序与过程能够实现党内不同意见最大程度的统一,增强党的创造力与凝聚力。部分村级党组织没有充分认识到党内民主的价值,农村党员的主体地位保障不充分。在农村社会中,由于受到封建主义的消极影响,少数村级党组织习惯性地将"党内民主"与民主集中制中的"民主"等同起来,从而造成了对认识上和行为上的误区,如出现以"集中"的名义强调领导的个人权威以及党员的服从意识,以"集中"的名义限制民主,为党支部书记或者是领导班子成员的专断独权提供理由,党内民主保障不充分,普通党员、无职党员的党内事务参与权利得不到保障。笔者在调研时,部分无职党员反映,在村里面,村里的大事一般是由村集体决定,村里的小事主要是由党支部书记决定,无职党员基本上不发挥什么作用。

三是行为上不够统一。党员行为上的统一很大程度上依靠党的纪律去塑造,纪律对行为具有规范的作用。严密的组织性和严明的纪律性是马克思主义政党的光荣传统和独特优势。习近平指出:"人不以规矩则废,党不以规矩则乱。"①当前在全面从严治党向基层纵向延伸的背景下,大部分党员能够自觉做到遵守党的纪律,但仍有少数党员干部的纪律意识、规矩意识缺乏,认为当前党的纪律管得太宽、太死,出现发牢骚的现象,部分党员干部仍然存在钻纪律的空子的现象,直接无视党的纪律,作出违法乱纪的行为。少数村级党组织在从严执纪方面存在走过场的现象,象征性地抓一两个党员干部,并没有树立常抓长管的纪律意识。②缺乏常态化的监督往往不能够有效解决党员干部思想上的松懈、理想信念淡化的问题,不能真正预防党员干部在政策执行过程中违反党纪的行为。

二、党员干部队伍建设问题是制约领导力的能动性因素

村级党组织是确保党的路线方针政策和决策部署贯彻落实的组织基础,但是村级党组织不是抽象的,而是由党员和干部构成的。农村党员干部作为村级党组织领导力提升的最具能动性的因素,其能动性因素的发挥在一定程度上能够消解领导环境、领导资源的消极影响。当前,与人民群众的期待相比,与乡村振兴和脱贫攻坚战的艰巨任务相比,部分农村党员干部的能力素质不强影响了村级党组织的领导力。

---

① 蔡志强:《党的纪律建设与政德建设的理论与实践逻辑》,《中共福建省委党校学报》,2019年第4期。
② 程靖淋:《新时代党的建设要以纪律强党》,《领导科学论坛》,2018年第9期。

(一)农村党员队伍建设存在的问题

村级党组织要发挥在农村社会中的领导核心作用，关键在于自身的队伍建设。党员队伍发展情况、年龄结构、知识结构、能力素质等，直接影响党组织队伍的生机与活力；党员队伍的政治素质和思想情况影响党员先锋模范作用的发挥。

一是农村党员的发展与处置难度大。发展党员可以为党及时输入新鲜的血液。党的十八大以来，各地区都在积极抓农村党员发展工作，尤其注重把连续 5 年以上未发展党员的农村党支部作为重点的单位，基本上解决了长期不发展党员的问题，消灭了农村党员工作的死角。在发展党员的过程中注重把好党员发展的标准关、程序关和责任追究关，提高了党员发展的质量。但是总体上看，村级党组织的发展党员的吸引力受限，农村党员发展还存在一定的难度。陈李勇、刘辉从调查的 65 个行政村来看，提交入党申请书的人数仅占乡村总人数的 0.4%。申请入党的人数仍比较少，普通党员入党的积极性不高。[①]从农村党员的发展层面上看，虽然农村党员的数量比较大，但是相对于全国党员总量来说，农村党员占比较小。根据表 3-2 数据显示：农村党员在 2017 年新发展 35.8 万名后，总数为 2549.9 万名，比上年锐减 46.1 万，减幅为 1.8%。2018 年底，农村党员减少至 2544.3 万名。在农村居民中，党员占比为 4% 左右，而在全国范围内党员人数占总人口的 6% 以上。农村党员占比小，发展难度大，将会导致优质的后备力量难以在短期内实现大量储备，党员队伍的结构难以在短期内实现有效的调整，这些都成为影响村级党组织生命力的制约因素。此外，党员数量少，一些自然村(村民小组)中存在无党员或党组织空白的现象，也是村级党组织不能实现全覆盖的制约因素。

---

① 陈李勇、刘辉:《新时期农村发展党员问题的调查与思考》,《经济研究导刊》,2015 年第 1 期。

表 3-2　农村党员数量、全国党员总数、乡村人口数量[1]

	2014 年	2015 年	2016 年	2017 年	2018 年
农牧渔民党员总量(万)	2593.7	2602.5	2596.0	2549.9	2544.3
新发展农牧渔民党员(万)	35.2 (其中外出务工 1.8)	34.8 (其中外出务工 1.4)	34.1 (其中外出务工 1.3)	35.8 (其中外出务工 1.4)	38.2 (其中外出务工 1.4)
新发展农民工党员(名)	5006	5074	7101	9000	5646
全国党员总数(万)	8779.3	8875.8	8944.7	8956.4	9059.4
全国乡村常住人口总数(万)	61866	60346	58973	57661	56401

　　处置不合格党员是保持党的先进性和纯洁性的必需。从党员处置层面上看,少数村级党组织领导班子成员碍于情面,"处置不合格党员"的规定几乎形同虚设,处置的仅仅是一小部分违反国法、党纪的贪腐腐化的党员干部。而对于在农村社会中存在思想不够坚定、政治意识不强的党员干部,党组织往往采取睁一只眼闭一只眼的态度,甚至对一些涉足黑社会的党员不加以清除,对于不合格的普通党员放任不管。

　　二是农村党员结构不合理。当前,村级党组织党员结构不合理、年龄老化、整体文化偏低的现象影响了村级党组织的健康发展。当前村级党组织的结构主要出现以下几个特征:年龄结构不合理,35 岁以下的年轻党员数量偏低;性别结构不合理,女党员的比例偏低;党员队伍的整体文化水平偏低。田志梅、赵秀芳通过对 X 县 12 个乡镇进行实证研究发现,农村党员队伍的年龄结构老化,并且老化状态呈现上升的趋势。[2]农村党员老化,将会使村级党组织的发展缺乏新生力量,影响村级党组织的生机活力。农村党员老化将会给村级党组织的领导力带来挑战,使得农村基层党组织的组织生活难以有效正常地开展,农村由于白天忙于劳动、就近打工、做小本生意,一般晚上开

---

　　① 根据《中国共产党党员统计公报》整理的党员情况,根据国家统计局整理的乡村人口数量。

　　② 田志梅、赵秀芳:《农村党员的年龄结构调查与思考》,《山西高等学校社会科学学报》,2015 年第 7 期。

民主生活会,有些老党员年事已高,不适宜晚上参加。并且老党员一般已经成为被赡养的对象,60岁以上的老党员一般也脱离了劳动一线,老党员与群众之间脱贫致富的共同语言也会相对减少。农村党员缺乏新生力量,不仅会影响党组织的生机活力,还会使得党组织带头人队伍缺乏后备力量,影响党支部的换届选举,出现选人难的现象。此外,农村党员的整体文化水平偏低,农村党员提升学历的积极性不高, 在党员队伍中占据大多数的一般是初中及以下的文化程度。文化水平在一定程度上限制了农村党员的视野,九年义务教育虽然能够为农村党员扫清文盲的现象, 但是关于市场经济、集体经济、管理方面的知识却知道得很少,这在一定程度上限制了农村党员先锋模范作用的发挥。女性党员占比较低,这与当下农村妇女人口数量是不相适应的,限制了党组织在凝聚农村妇女工作力量方面的作用。

(二)部分村干部队伍建设存在的不足

村干部的内生动力得不到有效的激发, 既跟村干部自身的能力素质有关,也跟村干部的生存环境和发展环境有关。当前,村干部面临任务重、责任大、发展空间小、待遇低的困境,制约了其能动性的发挥。

一是选拔难。农村基层干部队伍在选拔过程中,对干部入口关的把握极为重要,我党历来重视选用德才兼备的干部,新时代组织路线提出的选用标准是"注重德才兼备、以德为先、任人唯贤",乡村振兴战略中明确指出要培养一支"懂农业、爱农村、爱农民"的农村基层干部队伍。然而当前农村基层干部的选拔却面临种种困难。随着农村经济社会的改革带来的城乡二元结构体制,农村人口急剧流动,使得农村人力资源出现减少甚至萎缩,村干部的结构出现老化、后继乏人,选人难、选优秀的人更难的局面。这种现象在经济欠发达地区尤为突出。

二是待遇低。"上面千条线,下面一根针",这是村干部繁重工作任务的真实写照。现实中,村干部的工作任务非常繁重,既要承担扶贫,发展乡村政治、经济、文化等各项任务,还要处理村庄大小事务,以及接受上级部门的一系列检查,签订关于环境保护、招商引资、农村生产等各种"第一责任书"。村干部一天到晚都要忙于各种开不完的会、签不完的字、迎不完的检查,尤其是在脱贫攻坚任务艰巨的村更严重。笔者在调研的过程中,村干部普遍反映工作负荷量超大。但是村干部的待遇却偏低,他们是不在编的国家干部,收入没有得到很好的保障,很多村的村集体经济发展不够,因而村部分的补贴比较少,村务占据了较多的时间,他们的家庭生产收入也很低。国家对村干部有一定的补贴,并且一些省市陆续出台一些政策,解决村干部的收入问题。根据统计资料①,2017 年,广东、河南、贵州、青海、新疆等地村支书的月工资分别为 2630 元、2119.8 元、1478.2 元、1577 元、1840.8 元。很明显,与其他外出务工的人相比,村支书的收入偏低,担任其他职务的村干部待遇更低(如表 3-3),与当前高强度的工作不相符。

表 3-3　S 省 A 市 B 县 2018 年村干部补贴②

职位	村党支部书记、村委会主任、文书	党组织书记村委会主任"一肩挑"	村党支部副书记、村委会副主任	村监委会主任	村团支部书记、妇联主席	村民小组长
补贴金额/月(元)	2500	3200	1800	1000	125	41.66

三是发展空间小。当前,村干部深处农村全面深化改革的攻坚期,面临巨大的工作责任、工作压力,工作任务超重,但是村干部的发展空间却很有限。一方面村干部的政治发展空间小,虽然"两代表一委员"制度的推行能够为村干部参政议政发挥作用,但是由于名额少,使得这一制度吸纳的人员有

① 易新涛:《农村基层党组织带头人队伍建设的调查与分析》,《中国浦东干部学院学报》,2019年第 6 期。
② 王慧丽、夏元鑫:《白河提高村干部生活待遇》,《安康日报》,2017 年 12 月 12 日。

限,并且由于提名办法不完善,出现了跑票、拉票的违法行为。另一方面,村干部的身份转换难。从 1999 年开始,优秀的村党支部书记可以参加乡镇机关公务员、事业编考试,为党支部书记转换身份提供了可能。但是由于指标少,并且有些地方还有低于 45 岁的年龄要求,以及高中以上文化学历要求,无形中加大了村干部转换身份的难度。

四是培养少。部分农村地区缺少对农村基层干部培养的长期规划和系统培训计划,在具体的实践中存在重使用、轻教育、轻培养的现象。部分县级组织部门没有将其列入农村经济发展与人才战略规划,对干部的教育培训工作重视不够,存在重经济、轻党建,以会代训、以工代训的现象,干部常常以工作任务繁重为由,参训意愿不强烈。培训的内容较为形式化,安排不尽合理,有的仅仅主张重要文件和形势政策的学习,有的过于偏重实用技能的培训,对于干部的党性和政治理论的培训重视不够。教育培训的形式往往停留在会议文件中,尚不能与干部的实践经验和工作岗位相结合,制约了农村基层干部的专业发展。

三、少数群众的思想觉悟不高是制约领导力的基础因素

乡村振兴,归根到底,需要千千万万个具体的农民的参与,而农民的思想政治教育水平最终决定村级党组织引领乡村振兴的效果。当前,农民的思想能力素质不断提升,如经济观念不断更新、文化不断提升、法治观念不断增强、生态意识开始觉醒。但是少数农民存在等、靠、要的思想,集体意识不强、功利思想严重、观念保守落后,这成为制约村级党组织领导力的基础因素。

(一)少数农民存在等、靠、要的思想

在农村中,少数村民们存在等、靠、要的思想,一心指望村级党组织能够解决其生活中的难题,这种思想在脱贫攻坚战中表现得比较明显。西部地区脱贫攻坚任务重、压力大,为了快速推进扶贫工作,有些地区采取给钱、给物的"输血式"扶贫方式,这种方式不仅没有培养贫困农民脱贫致富的能力,在某种程度上还滋生了等、靠、要的思想。有学者认为:"制约农户家庭收入增长、农户家庭贫富的农民典型落后思想素质导致农户家庭贫困。"[①]思想上的贫困是影响群众不愿意脱贫的根源。存在等、靠、要思想的可以分为两类群体:一是等、靠的群体。这部分的群众在体力和智力上存在一些缺失,加上父辈代际贫困的影响,使这部分的群体长期处于贫困的边缘,他们容易萌生生活没奔头的思想。客观地说,这部分群体确实在劳动力素质、智力素质、劳动技能等方面存在一些缺失。这类劳动户由于自身的缺陷,或者是沉重的因病致穷的负担对生活没有太大的憧憬和向往,他们往往习惯于依赖国家的低保政策和各类优惠政策解决温饱问题,对靠自己后天的努力过上更好的生活没有信心,也没有奋斗的目标。无论帮扶干部怎么劝其外出打工挣点,家里养殖挣点,都不能激发他们的兴趣,对于他们而言,贫困更多是内生式的贫困。二是要的群体。要的这类群体知道干部脱贫攻坚考核压力大,有向干部要物、要政策的现象。笔者在调研中了解到,西部地区脱贫攻坚战要求密切干群关系,要求帮扶人像走亲戚一样去走访贫困户,出现有的贫困户索要冰箱的现象。还有的贫困户要政策,如果扶贫干部不满足其要求,就威胁投不满意票。

---

① 秦其文:《农民思想道德素质与农户家庭脱贫致富的关系研究》,《财贸研究》,2008 年第 2 期。

（二）少数农民的道德水平不高

中国优秀的传统文化和传统道德建设是村级党组织提高组织吸引力和感召力的文化根基，建立在传统文化基础之上的领导力对群众更具有情感上的吸引力和感召力。然而随着现代化进程的推进，乡村社会的一些优秀的文化资源正在面临衰落的现象，优秀传统文化的作用弱化，部分农民思想道德水平不高，社会出现不良风气，削弱了领导力建设的文化根基。

一是面子竞争和攀比之风盛行。近年来，随着农民生活的逐渐富裕，农民之间出现面子攀比的现象，大多数农民外出务工不断地攒钱是为了回家盖气派的房子，但是盖好的房子却常年无人居住。并且农民建房普遍性存在"建新不拆旧"的思想和行为，加剧了土地资源的闲置和浪费。笔者在调研访谈中了解到，下畈村和南溪村的党支部书记或主任在党委里长期工作十余年，是新农村建设的亲历者，都一致认为旧村改造是最难的事。旧村改造在推进的过程中遭受群众强烈的抵制，甚至是威胁。此外，一些地方还出现人情往来的过度攀比等现象。

二是少数农民的传统美德滑坡。乡村的传统美德是深耕于我国传统小农经济基础之上，被世代人所遵从的并视为精神依托的传统乡土文化中的伦理道德文化。当前，少数农民传统美德的滑坡、乡村传统文化的缺失，使得乡村失去了灵魂，带来乡村的"形在魂散"，实际上也就使得乡村不再是真正意义上人们所向往的乡村。乡村传统美德的不断减弱表现为现代农村婚恋观的改变，有些人不再秉承选一人终老的婚恋观，对婚姻、对孩子的责任心不够，农村离婚的现象越来越普遍，一些地方出现了"抛夫弃子"和"抛妻弃子"的行为，夫妻之间的婚姻关系越来越脆弱。一些地方出现不赡养老人的现象，甚至极个别老人的晚年由于几个儿子之间相互"踢皮球"、不愿意尽赡养义务过得比较凄惨。一些农民身上不再有勤勤恳恳、艰苦朴素的优良美德,出现了游手好闲、希望赌博一夜暴富的心理,农村地区的赌博之风盛行,尤其是在春节返乡期间,大量外出务工的村民聚众赌博。极个别农民的底线失守,出现不讲信用的现象,甚至为了自身利益不惜触犯法律,铤而走险。

三是部分农民的观念保守落后。党的十八大以来,虽然农民群众的思想观念有了较大的提高,但是相对于城市居民,西部地区的农民仍然存在落后的思想,容易产生封建迷信的思想,表现为红白喜事大操大办的现象以及封建迷信思想仍然存在。西部贫困地区的农民存在保守落后的思想,存在小富即安的心态,农民整体的科学文化水平比较低,甚至一些农村地区宗族问题比较严重,部分地区出现了宗族干扰村干部选举、干预村务的现象。

(三)部分农民的集体意识缺失

理想的村级党组织的领导力,村民比较关心村庄的公共事务,村民的集体意识较强。当前的乡村社会中,村民的集体意识缺失,社会责任感不强,使得村庄的公共事务难以达成共识,无形中加大了村级党组织服务群众的难度。

部分农民的功利思想和个人主义价值观导致集体意识的缺失。在市场经济的诸多意识形态中,功利主义的价值取向对农民的影响极为深远。边沁在 1978 年首次提出功利原则,他认为:"功利原则是指当我们赞成或不赞成任何一种行为的时候,就看该行为是增进还是违反了当事人的幸福。"[1]这一原则是建立在"以个人主义为出发点,以功利幸福为核心内涵,以行为效果为评价依据"[2]之上的。这种功利主义的价值取向与马克思主义所倡导的集体主义、先公后私、利他主义等社会主义核心价值观的义利观发生激烈的碰撞,与传统文化中倡导"邻里相扶、孝老爱亲、诚实守信"的社会伦理观相冲

---

[1] 周辅成编:《西方伦理学名著选辑》(下卷),商务印书馆,1987 年,第 211~212 页。

[2] 苏令银:《反功利主义:一种值得重视的伦理思潮》,《天津大学学报(社会科学版)》,2002 年第 1 期。

突,加剧了先天就具有小农意识自利性的农民阶级的思想迷茫和困惑。功利主义的思想使得村民比较物质,使得村民的社会责任感不强,使得农民变得越来越短视和趋利,参与村庄公益事业的积极性不高,社会责任感不强。辛宁通过对日照市前崖下村农民参与公益活动的调研,发现只有9.26%的村民经常性参与,还有20.37%的村民几乎不参与公益活动。[①]

群众的功利思想表现为在公共事务参与的过程中,出现"自利"的现象。群众政策参与的"自利"现象表现为群众对自身利益的积极争夺和对公共利益的漠视。一方面,群众对于事关个人利益的事务非常热心,甚至有些群众为了享受优惠政策诉诸信访或暴力参与的方式。如在乡村振兴战略系列政策推进的过程中, 有些群众并不关心乡村振兴战略政策宏观目标的实现进度,却很关心自己是否能够从政策中获益,如果政策能够给他们带来切实的利益,他们将会积极参与,反之就会采取抵制的方式。另一方面,群众对公共事务的参与趋向冷漠与短视,如果认为公共事务跟自己没有直接的利益关系,就不愿花时间。夏国锋在对5省20村村民对村里修路这类对大家都有利的事情的态度调研上,仅有44%的村民认为只要对村民有好处,即使村里或者政府没有补贴, 也愿意出钱出力去做;22.1%的村民认为如果村里或政府不付工钱,不愿意出力去做;33.9%的表示不愿意出钱出力去做。[②]从数据中,我们可以看到仅有不到一半的人能够为了集体利益牺牲个人利益, 虽然修路能够让村民集体受益,但村民不愿意出钱出力修路,因为二者相比,村民更为看中个人的利益,而修路总体上属于村庄利益、长远利益和非物质利益。

---

① 辛宁:《乡村治理现代化背景下农民公共精神的构建研究》,青岛大学硕士学位论文,2017年,第21页。

② 夏国锋:《农民的生活伦理与公共精神及其对新农村文化建设的政策启示——基于5省20村的调查》,《农业经济问题》,2011年第12期。

四、多元治理主体的互动不足是制约领导力的制度因素

多元治理主体之间有效协同互动,能够促进乡村社会善治,形成村级党组织领导合力。然而在实践中,由于部分村级党组织在乡村治理中的角色定位不足,引领多元共治的作用不明显,以及农村协商民主制度发展不完善,使得乡村社会多元治理主体之间的协同性不强,制约了村级党组织的领导力。

(一)村级党组织在多元共治格局中容易出现角色错位

在多元共治的治理格局中,村级党组织在治理中易产生角色错乱的错觉,在农村社会治理中底气不足、信心不足、能力不足。在村民自治实施后,部分村级党组织存在对自身的领导地位和领导权威的底气不足的现象。在以往的乡村治理中,由于村级党组织领导的合法性权威不足,村"两委"之间存在冲突或者是存在着摩擦,从浅层次上看,可能是源于1999年的《中国共产党农村基层组织工作条例》和1998年的《中华人民共和国村民委员会组织法》没有就二者之间的权利和责任作出明确的规定,使得二者之间的权利责任不清晰而引起摩擦。但就本质而言,二者之间矛盾的根源仍在于村民的认同问题。随着村民民主意识的逐渐增加,村级党组织仅仅依靠"自上而下"的党委任命以及党组织内部的选举,相对于村民自治委员会依靠民主选举获得的权威而言,村级党组织的领导权威已经难以获得群众的广泛认同。

村民委员会利用其产生的合法性,由全村投票选举产生、选举范围覆盖面更大,对村级党组织领导的合法性产生冲击。随着农村社会的发展,农村社会组织和经济组织开始介入乡村社会,积极参与到乡村社会各项公共事务的管理过程中,会导致村级党组织产生无事可干的挫败感。一些上级党委提供支持,如选派第一书记助力乡村振兴、巩固村级党组织的领导地位,但

是部分村级党组织并没有客观看待,一些村干部在对待第一书记的问题上,出现角色错位的现象。如任洁指出在脱贫攻坚战中,有些地方出现"驻村干部拼命干、村干部靠边站"的角色跑偏的现象,[1]这种现象容易导致村干部领导权威不足,影响村干部干事创业的积极性。村级党组织角色错位的问题应该引起我们的高度重视,因为村级党组织的领导关乎乡村治理的方向,关乎村民的切身利益,关乎村庄的长期发展。

(二)农村民主协商制度的制度化发展问题

制度是村级党组织领导必不可少的实施条件, 村级党组织的领导力必须靠一套制度体系对乡村社会多元治理主体的行为进行调节, 使领导力得以发挥和彰显。对村级党组织来说,这里所说的制度,主要是指农村协商民主制度。农村协商民主是党的群众路线在政治领域的生动体现,其实践过程就是遇事找群众商量、破除矛盾障碍、形成最大利益公约数的过程。[2]农村协商民主制度强调村民在村庄公共事务中的主体地位,真正"赋权于民"。这种协商民主制度与村民自治的不同之处在于其直接要求村民参与协商活动,最大限度地反映村民的价值取向,激发群众参与村庄事务的意愿。与村民自治制度相比,农村协商民主制度更具有包容性,其制度体系能够扩大乡村精英的介入、扩大政治参与范围的深度和广度,促进群众更为有效理性地沟通。近年来,广大农村地区开展协商治理的实践,在广东、广西、安徽等地多数村民小组都成立专门的机构,例如村民理事会、协商议事会等。村民理事会注重发挥村民小组熟人社会的优势,更有利于充分吸收群众的意见。村民理事会协商议事的范围较广,既关注关乎村庄发展的"大事",又关注村民

---

① 任洁:《高度警惕脱贫攻坚主角错位》,《人民论坛》,2020 年第 2 期。
② 谷玉辉、朱哲:《中国农村协商民主制度体系建构路径探析》,《南京政治学院学报》,2017 年第 6 期。

"鸡毛蒜皮"的小事,并且秉承"众人事、众人议"的原则,在农村社会协商中发挥了重要功能。但是作为一种制度化的治理手段,村民理事会在实践中仍存在不足之处。

一是不同的农村协商主体对协商民主制度的认识不够。在几十年的村民自治实践中,村干部和村民对民主选举都较为了解和熟悉,对于新兴的农村协商民主制度相对没那么熟悉。部分村干部和村民并没有认识到农村协商民主制度的重要性,以及对协商民主的具体流程不太了解。部分村干部对农村协商民主制度的认识不足,担心农村协商民主制度的推行会增加工作量,担心协商民主制度实施后,普通村民会提出大量的意见,觉得还是村"两委"商议比较省事、便利。对于普通的村民而言,他们多半要忙于生计,对于参与协商的积极性和热情不高,有些村民在参与协商的过程中不愿意得罪人,出现违背自己意愿的情况,有些村民出现随大众放弃协商的现象。

二是农村协商民主制度需要加强顶层设计。第一,党和政府尚未制定出关于农村协商民主制度的法律,并且对各地区的协商民主实践能有指导意义的政策文件不多。农村协商民主制度的实践缺乏法律层面的保障,使得农村协商民主在实践中受到一定的影响,地方政府对农村协商民主的重视程度成为影响农村协商民主发展的重要因素,出现有的地方推进协商民主的积极性高,有的地方则存在消极抵制的现象。如果基层党组织和基层干部推进协商民主的积极性不强,即使村民参与协商的积极性很高,也会因基层党组织和基层干部不重视而缺乏应有的协商平台和协商渠道。第二,农村协商民主制度的协商程序不够完善。一方面,对"协商主体如何产生"等具体的程序和范围都不够明确。农村基层协商民主的宗旨应该是最大限度地扩大农民参与,彰显社会主义民主制度的优越性。可是,在实践中,有些地方在无形中缩小了协商民主的主体,缩小了参与农民的范围。如有的地方的村民议事会成员是直选在村民小组议事会成员中产生,这将使得村民代表大会和村民大会成为摆设,缩小了参与农民的范围;有的地方的协商民主的协商主体是从村民代表中选举产生的,这将会出现将协商民主的权利交给村庄的少数权威人士的现象,这不利于农村基层民主的扩大。另一方面,农村协商民主制度的程序规定较为笼统,这与中央制定的《关于加强城乡社区协商的意见》的文件有关,中央层面的规定较为笼统与尊重地方实践的多样性有关,如村民代表会、村民小组会、民主恳谈会等。在实践中涌现出来的具有代表性的案例主要有河北省的"青县模式"、安徽巢湖市的"民主评议"模式、天津市宝坻区的村级"民主协商议事会"、成都市的"村民议事模式"、广西省贵港市的"协商自治模式"、广东省的"蕉岭模式"、四川省的"彭州模式"、浙江省温岭市的民主恳谈会等,这只是笔者列举的几种,还有很多。但是作为省市级的地方党委,在遵照中央精神制定地方的协商民主制度时,往往又存在复制中央文件,或者稍微改动一下的现象,使得基层协商民主制度在实际运作过程中缺少操作性。

三是农村协商民主制度的配套机制不完善。农村协商民主制度与现存的农村自治制度的互动性不够,协商的结果不能很好地与村民自治制度的选举制度实行有效对接,协商结果对民主决策的影响力不大。协商结果要实现对于村庄的影响,就需要发挥协商结果的作用,需要在村民议会或者是乡镇人大会议上以提案的形式通过,但是目前仅有浙江温岭的民主恳谈会,以及一些极少数的农村地区能够做到将协商的结果以人大代表议案的方式进入乡镇人大会议的谈论和决策环节,[①]进而对当地的公共政策产生实质性的影响。

四是农村社会协商民主的实质性民主保障不足。随着农村协商民主实践的发展,农村协商民主制度在引导社会多元力量参与农村治理方面的作

---

① 郭雨佳、张等文:《农村协商民主制度化发展的现实形态和优化路径》,《求实》,2020 年第 1 期。

用越来越明显,协商民主的实践也呈现良好的趋势。但是不可忽视的是,部分农村的协商民主实践是在地方政绩思维的影响下推动的,一些农村的协商民主实践出现了形式化的问题。如有些地方开协商会议时,民主的氛围营造得不够,协商参与者不能做到畅所欲言,不能做到敢讲真话;有的地方一般只协商无关紧要的小问题;有的地方的协商民主存在走过场的现象等。如果协商民主制度不能真正做到实质民主、扩大协商民主的范围,就难以真正发挥农村基层协商民主制度的优势,在一定程度上也降低了村级党组织引导社会多元力量的号召力。

五、部分村集体经济发展不够是制约领导力的条件因素

村级党组织领导乡村社会发展的成效始终受到特定经济资源支持程度的制约。马克思指出:"物质生活的生产方式制约着整个社会生活、政治生活和精神生活的过程。"[1]农村集体经济是建立村级党组织与群众之间关系的重要纽带,是村级党组织领导力的物质基础和领导资源。当前部分村集体经济收入不高制约了村级党组织的领导力。

一是农业生产经营小农化制约了领导力。农业生产经营的小农化最突出的表现就是生产资料的占有较为分散,农民土地细碎化的问题比较突出。根据农业农村部部长韩长赋介绍,当前"我国人均耕地面积只有 7 亩多,仅相当于欧盟的 1/40、美国的 1/400"[2]。这意味着我国户均耕地本来就只有 7 亩多,加之分产到户追求绝对的平均主义,使得农民仅有的几亩地出现土地细碎化的问题,土地细碎化成为农业现代化发展的制约因素。农业生产经营

---

① 《马克思恩格斯文集》(第二卷),人民出版社,2009 年,第 591 页。

② 《全面推进 重点突破 加快实现农业现代化——农业部部长韩长赋就〈全国农业现代化规划(2016—2020 年)〉发布答记者问》,《农村工作通讯》,2016 年第 21 期。

小农化使得农民难以有效对接大市场,增加农民增收的难度,农民的增收问题得不到有效解决,这在一定程度上影响了农民对党组织领导的绩效认同。在市场经济条件下,分散的小农户还存在贫富差距悬殊、创收能力差、经营发展不均衡的问题。新型农业经营主体占据明显的优势,小农经济处于劣势地位,农民由于受到土地、资金以及个人视野的限制,一般都是限定在经济效益低的农业产业链的最低端,即种植和养殖的生产环节,而对利润较高的加工产业却无力涉及。农村经营的小农化使得农民难以有效对接各级政府下拨的公共资源。

近年来,我国的多个研究团队在全国多个农村地区进行调研,调研结果显示,农民的去组织化使得国家自上而下投放的支农惠农资金难以找到能够有效对接的目标群体,难以找到能够有效承接的载体。[1]在农村社会空心化的社会环境中,发动群众的难度很大,而且农村社会出现阶层分化的现象。在项目制的考核压力下,政府一般都会倾向于找农村中的能人、农村中的新型农民进行合作,这样国家中一些支农惠农的资源就很难做到向村庄中的每一个小农倾斜,尤其是生产困难的小农。中国农村的情况千差万别,东部和西部地区的农村,甚至同一乡镇的不同农村,资源禀赋的差异也非常大,村庄的村民利益分化大,需求的差别也极大,这时候如果缺少农民的组织,去承接国家输入村庄的资源,那么国家输入村庄的资源的使用效果也会打折扣。

二是部分村集体经济发展不足制约了领导力。村集体经济的衰弱弱化群众的集体意识。集体经济与群众的共同利益密切正相关,集体经济越强大,群众之间的共同利益交集越大,群众之间的合作精神就越强,采取集体行动的概率就越高。正如村民指出:"集体都没有了,哪里来的集体认同。"

---

① 吴重庆、张慧鹏:《以农民组织化重建乡村主体性:新时代乡村振兴的基础》,《中国农业大学学报(社会科学版)》,2018 年第 3 期。

2018年,全国村集体经济组织29.34万个,占村总数的50.3%,组集体经济组织73.56万个,占总村民小组数的15%,[①]可见,村集体经济组织在村民小组层面数量太少,影响了群众的集体认同感。村集体经济发展不充分影响干部在农村社会中的领导权威。村集体经济的薄弱使得农村基层党组织可掌握的资源越来越少,农村基层干部服务群众的手段和资源相对比较匮乏,正如"手中无米,唤不来鸡",农村基层干部逐渐缺乏群众号召力,其领导权威受到影响。2017年6月,习近平在深度贫困地区脱贫攻坚座谈会上指出:"全国12.8万个建档立卡贫困村居住着60%的贫困人口,……四分之三的村无合作经济组织,三分之二的村无集体经济组织,……深度贫困县村均集体收入只有8800多元,同所有贫困县平均5万元相比,差距太大。"[②]可见,深度贫困村无钱办事的现象非常突出。

当前,村集体经济发展不够优化的原因如下:第一,村集体经济发展的观念不强。在现实中,部分农村基层干部不能充分认识到集体经济在促进社会公平、实现共同富裕方面的作用,没有充分认识到集体经济发展的优越性。部分农村基层干部在经历了人民公社时期村集体经济发展的困境之后,存在村集体经济发展"过时论"和"无需论"的消极思想。在这种消极思想的影响下,农村基层干部对村集体经济发展的主动性不足,意愿不强。一些农村基层干部认为,农村主要是发展私营经济,农村基层党组织的主要任务是带领村民致富。一些农村党员干部没有正确认识到集体经济与群众之间的利益关联,认为村集体经济发展好了,群众不一定买账,而一旦村集体经济发展失败,不仅群众埋怨,还要继续消化债务,存在畏难情绪。对此,习近平向我们发出警示:"在扶贫中,要注意增强乡村两级集体经济实力,否则,整个扶贫工作将缺少基本的保障和失去强大的动力,已经取得的扶贫成果也就

---

① 高鸣、芦千文:《中国农村集体经济:70年发展历程与启示》,《中国农村经济》,2019年第10期。

② 习近平:《在深度贫困地区脱贫攻坚座谈会上的讲话》,《人民日报》,2017年9月1日。

有丧失的危险。"①第二，村集体经济经营型收入不高。党的十八大以来，党中央要求将村集体经济发展当作重大的紧迫的任务来抓，将发展村集体经济提高到打赢脱贫攻坚战的战略高度。各地也在积极探索村集体经济发展的路子，农村集体经济创新发展成效显著。但是部分少数村集体经济的发展不够，如表 3-4 所示。

表 3-4　2012—2018 年村集体经济收入和资产情况②

年份（年）	统计村数（万个）	集体经济经营收入在不同区间的村数（万个）						资产和收入（万亿元）		
		0	5 万元以下	5—10 万元	10—50 万元	50—100 万元	100 万元以上	总资产	总收入	收益
2012	58.9	31.1	15.1	5.2	4.8	1.2	1.5	2.18	3.58	1.11
2013	58.7	32.0	13.7	5.2	4.9	1.3	1.6	2.40	3.87	1.20
2014	58.4	32.3	12.7	5.3	5.2	1.3	1.7	2.61	4.01	1.32
2015	58.0	31.1	13.1	5.6	5.2	1.3	1.7	2.86	4.10	1.42
2016	55.9	28.7	13.1	5.7	5.2	1.4	1.8	3.10	4.26	1.46
2017	56.3	26.2	13.7	6.6	6.2	1.6	2.1	3.44	4.63	1.59
2018	54.5	19.5	15.2	8.3	7.6	1.8	2.2	4.24	4.91	1.69

表 3-4 的数据显示，仍有 19.5 万个村（占总数的 35%）没有村集体收入，村集体经济仍存在空心化的现象。并且村集体经济发展的区域化明显，东部地区的村集体经济发展较好，西部地区要差些。还有一些村的村集体经济虽然达到了 5 万元的标准，但是由于脱贫的压力，有些村集体经济发展主要依靠上级政策的扶持，有些村集体经济的产业同质化严重，有些村集体经济产业短期效应明显，村集体经济的发展需进一步优化。

---

① 习近平：《摆脱贫困》，福建人民出版社，1992 年，第 191 页。

② 高鸣、芦千文：《中国农村集体经济：70 年发展历程与启示》，《中国农村经济》，2019 年第 10 期。

第四章
村级党组织领导力建设的路径

　　村级党组织领导力的五力构成是村级党组织领导能力的高度概括,在现实的实践中,大多数的村级党组织都拥有这五种领导能力,但是他们的领导能力发展不够均衡,在某一种或者是某几种领导能力方面存在着薄弱环节,用管理学的"木桶原理"可以解释领导能力的短板。因此,本章立足村级党组织领导力的五个维度,提出领导力提升的对策措施。

第一节　加强村级党组织的政治建设
以提升政治领导力

　　党的十九大报告提出"党是最高的政治领导力量",强调"把党的政治建设摆在首位"。加强村级党组织的政治建设,是提升村级党组织领导力的首要要求。旗帜鲜明地讲政治是马克思主义执政党的本质要求。一个马克思主义政党,如果不讲政治,就会犯颠覆性错误,就会失去灵魂,就会迷失方向。[①]《中共中央关于加强党的政治建设的意见》指出:"加强党的政治建设,目的

[①]　张志明:《为什么要把党的政治建设摆在首位》,《人民论坛》,2019 年第 7 期。

是坚定政治信仰,强化政治领导,提升政治能力,净化政治生态,实现全党团结统一、行动一致。"①《意见》为加强村级党组织的政治建设指明了方向。

一、坚定马克思主义的政治信仰

"信仰"作为政党的精神根基,是一个政党生存发展第一位的问题,事关一个政党的前途命运和事业兴衰成败,这是加强村级党组织政治建设的逻辑起点。习近平在《关于坚持和发展中国特色社会主义的几个问题》中点明:"对马克思主义的信仰,对社会主义和共产主义的信念,是共产党人的政治灵魂,是共产党人经受住任何考验的精神支柱。"为了强化政治信仰,必须全体党员强化理论武装,补足精神之钙,站稳政治立场。

一是广大党员必须用马克思主义理论武装自己的头脑,掌握科学的世界观,坚定共产主义的理想信念。科学的世界观是无产阶级政党具备坚定政治信仰和革命方向的理论前提。无产阶级的先进性和革命性在于其科学理论的先进性。恩格斯指出:"我们党有个很大的优点,就是有一个新的科学的世界观作为理论的基础。"②在新时代,习近平新时代中国特色社会主义思想作为我们党的指导思想,是马克思主义中国化的最新成果,是党和人民集体智慧的结晶,是科学的理论。村级党组织要加强对党员的思想教育工作,坚定"四个自信",同当代的各种资产阶级自由主义作斗争,全面贯彻落实新时代中国特色社会主义的基本方略和党的政治路线,全面贯彻落实乡村振兴战略和脱贫攻坚战略,走好"中国道路"。

二是站稳"以人民为中心"的政治立场。"人民对美好生活的向往,就是

---

① 《中共中央关于加强党的政治建设的意见》,人民出版社,2019 年。

② 《马克思恩格斯文集》(第二卷),人民出版社,2009 年,第 599 页。

我们的奋斗目标。"①这句话生动地体现了共产党人为人民谋利益的初心使命。站稳"以人民为中心"的政治立场,要做到发展为了人民。习近平指出:"以人民为中心的发展思想,不是一个抽象的、玄奥的概念,不能只停留在口头上、止步于思想环节,而要体现在经济社会发展各个环节。"②这就要求村级党组织在领导农村经济社会发展的过程中,要不断强化宗旨意识,及时处理和反馈群众反映的突出问题,实现好、维护好、发展好最广大人民的根本利益。站稳"以人民为中心"的政治立场,"任何时候都必须把人民利益放在第一位"③,村级党组织要把维护最广大人民群众的根本利益放在首位,村级党组织所开展的一切工作都要体现人民导向,体现对人民负责的价值导向。村级党组织要充当好党和群众之间的桥梁作用,要在贯彻执行党的路线方针政策过程中,做到对上负责与对民负责的有机统一,要改变不良的政绩观。具体而言,村级党组织要在推进脱贫攻坚和乡村振兴战略的过程中,始终做到以人民为中心,改变为了应付上级的考核,将完成考核任务作为目的的现象;改变千方百计地完善台账,注重痕迹的形式主义、官僚主义的领导行为;改变注重搞华而不实的政绩工程的现象。村级党组织要切实将政治领导力的提升落实到关乎群众切身利益的民生工程中,落实到深入实际调查、及时反映群众诉求、密切党群关系的行动中。

二、突出村级党组织的政治领导功能

政治领导与政治建设联系密切,突出村级党组织的政治领导功能,既是加强党对农村工作领导的需要,也是加强村级党组织的政治建设必须遵循

---

① 《习近平谈治国理政》(第一卷),外文出版社,2018年,第3页。

② 《习近平谈治国理政》(第二卷),外文出版社,2017年,第213~214页。

③ 习近平:《始终坚持和充分发挥党的独特优势》,《求是》,2012年第5期。

的重要原则。无产阶级的政治领导，关乎无产阶级政党的根本方向。突出村级党组织的政治领导功能有利于保证村级党组织政治建设的方向和效果，关系党和国家的前途命运。

（一）要求村级党组织自觉做到"两个维护"

突出村级党组织的政治领导功能，根本要求是做到"两个维护"。"两个维护"本质上是统一的，坚决维护习近平总书记党中央的核心、全党的核心地位，坚决维护党中央权威和集中统一领导。"两个维护"既是马克思主义经典作家的重要思想成果，也是我们党的思想政治成果和宝贵经验。马克思恩格斯在领导工人运动的实践中，始终强调权威的重要性和必要性。恩格斯指出："没有权威，就不可能有任何的一致行动。"①他们不仅看到革命权威、政治权威的重要性，同时也看到了个人权威、领袖权威的价值。列宁始终强调坚决维护党中央权威首先要维护领袖权威，而且二者是统一的。党的十六届六中全会通过的《关于新形势下党内政治生活的若干准则》指出："一个国家、一个政党，领导核心至关重要。"可见，"两个维护"是突出村级党组织的政治领导功能的根本要求。

首先，切实做到"两个维护"，要求村级党组织做到"四个服从"。"两个维护"是民主集中制的应有之义，是民主集中制在实践中的深化和科学的运用。民主集中制的一项基本原则是"四个服从"，即党员个人服从党的组织、少数服从多数、下级组织服从上级组织、全党的各个组织和全体党员服从党的全国代表大会和中央委员会。其中最重要的是全党的各个组织和全体党员服从党的全国代表大会和中央委员会。可见，"两个维护"与"四个服从"在本质上是一致的，都体现了维护党中央权威和集中统一领导，村级党组织贯彻"四个服从"越坚决，"两个维护"在实践中贯彻得越彻底，民主集中制的优

---

① 《马克思恩格斯文集》(第十卷)，人民出版社，2009年，第372页。

势就越能体现出来。在实践工作中,广大村级党组织和党员干部始终树立起高度自觉的政治意识,自觉将"四个服从"与"两个维护"联系起来。只有这样,才能够真正在具体的政治工作中强化党中央集体权威和集中统一领导,凸显村级党组织的政治属性和政治功能。

其次,切实做到"两个维护",必须加强对村级党组织和全体党员干部的教育指导,增强"四个意识"。要使村级党组织和党员干部深刻认识到"两个维护"的重要性,真正做到政治认同、思想自觉和行为自觉,就要增强"四个意识"。习近平在党的十九大报告中指出:"必须增强政治意识、大局意识、核心意识、看齐意识,……自觉在思想上政治上行动上同党中央保持高度一致。"①村级党组织要充分发挥教育管理职能,教育农村党员和农村基层干部要明确自己的政治身份,强化党员意识,严格执行党的政治纪律和政治规矩,无论在什么地方、什么场合,都能做到有坚定的政治立场、政治原则,坚持与党中央保持一致。村级党组织要真正做到将政治纪律挺在前面,对于那些不讲政治的党员干部、在政治方向上与党中央相背离的党员干部,要坚决查处、绝不姑息。村级党组织要不断提高全体党员的组织观念,强化党员的政治角色意识,使得全体党员时刻牢记党员的政治身份,对党忠诚,自觉做到爱党、忧党、兴党、护党,形成全体党员紧紧跟随党中央的步伐,真正做到令行禁止,做到团结一致,积极投身于乡村振兴事业,展现新时代中国共产党员优良的政治风貌。

最后,切实做到"两个维护",要建立健全制度保障体系。制度对行为具有规范作用。党的十九届四中全会通过的《中共中央关于坚持和完善中国特色社会主义制度、推进国家治理体系和治理能力现代化若干重大问题的决定》提出要完善落实"两个维护"的制度。在实际工作中,村级党组织要坚持

---

① 习近平:《决胜全面建成小康社会 夺取新时代中国特色社会主义伟大胜利——在中国共产党第十九次全国代表大会上的报告》,人民出版社,2017年,第20页。

党的路线、方针、政策不动摇,坚持党的指导思想不动摇;要以党章为根本遵循,建立健全"两个维护"的保障机制和问责机制,确保全体党员不折不扣地做到"两个维护",强化政治上的坚定性。

(二)村级党组织要始终成为农村社会的领导核心

村级党组织的政治属性决定了村级党组织必须在农村社会中凸显政治领导功能,保证农村社会发展的正确方向,保证村级党组织要始终成为农村社会的领导核心。村级党组织的政治领导是讲政治的领导,是能够始终站在人民利益本位的立场上进行有效的领导。党和人民的利益是相统一的,只有巩固村级党组织在农村中的领导地位,才能使广大人民群众的利益得到根本的保障。

加强村级党组织的政治领导,需要有效地发挥村级党组织的利益协调功能,有效地协调本村人、事、财工作,有效地协调本村多元化的群众的利益诉求,协调农村各类组织之间的利益,最大限度地凝聚共识,团结一切可以团结的力量,发展乡村事业,真正发挥村级党组织密切联系群众的优势。加强村级党组织的政治领导,需要发挥村级党组织领导下民主政治的特点和优势,有效地领导本村的村民自治委员会、村集体经济委员会、村务监督委员会,以及本村的群团组织、合作社组织、乡贤理事会等其他社会组织有序开展工作,有效地引导社会组织和群团组织的发展,让村庄的多元治理主体能够实现良好的互动,防止各自为战的现象,真正发挥村级党组织在现代乡村治理体系中的领导核心作用。

加强村级党组织的政治领导,需要进一步完善民主决策机制。村级党组织要运用好高效科学的民主决策机制,在坚持民主集中制的前提下,树立共商共建共享的意识,培育民主决策的氛围,加强党内民主建设。通过民主的方式广泛地采纳和吸收来自人民群众内部的各种不同的意见建议,通过走好群众路线,提出真正为民解忧、为民服务、与群众关系密切并受群众欢迎的意见建议。在决策前,要通过建立健全民意沟通机制和民意反馈机制,充分了解民情、了解民意,从而实现决策的公开性和科学性。在决策中要广泛采纳村民自治组织和社会组织的意见建议,保证村民最为关心、涉及村民切身利益的热点问题能够纳入决策范围。对于决策的结果,一定要做到经过村民代表或全体村民公决后公开。同时,村级党组织要积极保证决策方式的民主化和程序的科学化。村级党组织要积极完善村民代表大会制度,要领导村民委员会定期向村党组织、村务监督委员会、村民代表大会的报告工作。在涉及村务重大决策事项时,村级党组织要采用"四议两公开"的民主决策制度,积极推进"一事一议"的投票表决制度。村级党组织要积极监督并确保党务、村务、财务能够严格按照制度的规定公开,真正实现村务决策的公开化、科学化、民主化,真正发挥村级党组织在事关村庄发展方向的事务中的决策作用。

三、提升贯彻落实方针政策的政治能力

政治能力关乎政党作用的发挥,是政党政治建设中的枢纽。关于政治能力,习近平曾经有过精辟的论述:"政治能力就是把握方向、把握大势、把握全局的能力,就是保持政治定力、驾驭政治局面、防范政治风险的能力。"[①]

第一,村级党组织要不断提高把握政治方向、把握政治全局的能力。村级党组织的政治领导力作为一种管方向、管长远的政治能力,要求村级党组织及其党员干部队伍要不断提高自身的政治素养和水平,深刻领会党中央的政策精神,严格按照党中央的路线方针政策行事。村级党组织要提高解读

---

① 刘云山:《领导干部要提高政治能力》,《学习时报》,2017 年 9 月 1 日。

和领会党中央政策精神的能力，坚持不折不扣地贯彻落实党中央在农村中的各项政策，要坚决禁止上有政策、下有对策的现象，要坚决防止政策的歪曲执行、选择执行的现象。村级党组织要根据党中央在农村中的各项政策，从本地区的实际出发，因地制宜地制订出地方发展的方案，防止出现政策照搬照抄的形式主义的现象。村级党组织要做到把握乡村发展的形势，扎扎实实地推进乡村振兴发展的各项工程，主动担当作为。村级党组织要增强统筹农村政治、经济、文化、社会、生态协调发展的意识，确保每一项政策的推进、每一项工作都能够最大限度地促进乡村社会的协调，最大限度地符合最广大人民的根本利益诉求。

　　第二，村级党组织要保持政治定力，提高驾驭政治局面、防范政治风险的能力。村级党组织通过组织政策宣讲活动、理论学习活动，提升广大党员干部熟悉掌握并理解党的路线方针政策、党的政治思想、党的政治制度的能力，夯实党员干部的政治理论基础、提高党员干部的理论素养。在日常的工作实践中，村级党组织要加强对党员干部的政治历练，提升党员干部运用政治思想、政治理论指导工作的能力，做到学以致用，让党员干部在推进农村社会全面深化改革的实践中，在市场经济的发展中培养敏锐的政治意识，使得党员干部在推动乡村社会改革发展的实践中能够始终做到立场坚定、头脑清醒，不断增强抵御政治风险、防腐拒变的能力。此外，村级党组织要保持政治定力，要在为党尽责中强化政治担当，强化政治责任。广大的村级党组织和全体党员干部要直面农村全面深化改革中错综复杂的问题，要以敢为人先的精神勇挑重担，要在坚定信心中保持定力，做到守土有责、守土尽责，做到甘于吃苦、乐于奉献，踏踏实实做事，在积极贯彻落实政策的实践中提升政治素养和政治能力。

四、营造风清气正的党内政治生态

政治生态是党风、政风、社会风气的综合反映,集中体现了党员干部的党性修养、思想觉悟、工作作风等。作为政治建设中的关键因素,政治生态往往影响和制约着党员干部的价值取向和行为方式。政治生态好,"软环境"就好,人心就齐,党的事业就能发展;政治生态不好,人心就会涣散,政治生活就会弊病丛生,党的事业就会遭遇挫折。部分村级党组织的政治领导力不强的很大原因就是出现去政治化现象。所以,加强村级党组织的政治领导力,要强化村级党组织和党员干部的政治意识、严肃党内政治生活,培育积极健康的党内政治文化。

一是强化农村党员和干部的政治意识。如果农村党员和干部的政治意识不强、政治意识淡化,在思想上对"讲政治"没有正确的认识,将会阻碍党的政治建设的贯彻落实。强化农村党员和干部的政治意识,离不开教育。村级党组织要加强对农村党员干部的党章党规教育、党的基本理论教育,提升政治水平和政治素养,让党员和干部深刻明白党员的权利和义务,提高对党员身份的认识,不断提高党性修养。此外,强化党员的政治意识,还需要村级党组织严格贯彻落实《中国共产党纪律处分条例》,发挥党规党纪对党员行为的约束作用,为党员和干部的政治行为划出底线,强化党员政治意识的养成。

二是严肃党内政治生活。党的十八届六中全会强调,要规范党内同志之间的纯洁关系,厘清党内上下级关系,要求干部做到政治清明。加强村级党组织的政治建设,要营造风清气正的政治生态环境,开展严肃健康的党内政治生活。如果党内政治生活不严肃、不健康,出现搞封建人身依附关系、搞圈子文化、搞团团伙伙,不仅不利于形成干部清正的风气、纯洁党员之间的同志关系,还容易形成落后的党内政治文化。因此,各地村级党组织要真正认识到党内政治生活在锻炼党员和干部党性方面的重要性,不打折扣地落实"三会一课",认真做好民主评议,认真开好党员谈心谈话工作。在民主生活会中,党组织成员要发挥批评与自我批评的优良传统,坚决克服批评怕得罪人的思想问题,促进健康的党内组织关系的形成,促进生动活泼的政治局面的形成。

三是强化村级党组织的责任追究。当前,要强化村级政党政治及党员干部的政治责任意识,需要执行严格的政治责任考核和追究制度,使得广大村级党组织和党员干部强化政治责任意识。县级组织部门要积极推进全面从严治党向基层延伸,使得全党上下都认识到新常态下讲政治要动真格。县级组织部门要落实党支部书记是"第一责任人"的领导制度,真正提升村级党支部书记党要管党、从严从治党的责任意识,提升他们抓党建业务的能力。

四是培育积极健康的党内政治文化。净化党内政治生态环境,需要厚植积极健康的党内政治文化。积极健康的党内政治文化能够为风清气正的政治生态环境营造良好的氛围,形成清清爽爽的同志关系,增进党员对党组织的政治情感。培育积极健康的党内政治文化,要清除传统文化中的圈子文化、官僚文化、厚黑文化等为代表的党内消极腐败的文化,清除享乐文化、庸俗文化。弘扬以清正廉洁、实事求是、忠厚老实、艰苦奋斗为核心的党内先进文化。

第二节　重视农民思想政治教育工作
以提升思想引领力

党的十九大报告指出:"人民有信仰,国家有力量,民族有希望。要提高人民思想觉悟、道德水准、文明素养,提高全社会的文明程度。"乡村振兴与农民的思想教育有着必然的联系。重视农民思想政治教育工作以提升思想引领力,有利于真正调动亿万人民群众参与的积极性,推进乡村振兴战略的实施,为其提供更多的精神支持。

一、完善农民思想政治教育的内容体系

重视并正视思想政治教育的重要性,需要做加强农村思想政治教育工作的顶层设计与系统规划,完善农村思想政治教育的内容体系。思想政治教育内容最终要回答"以什么来教育人,使人具有什么样的思想理念"的问题,它是思想政治教育目标和教育任务的具体化。在新时代背景下,村级党组织要按照党的十八大以来农村政策的指导思想、党的十九大的乡村振兴战略的总要求,针对当下农民最关心的、农村发展最关注的内容,加强对农民思想政治教育工作的顶层设计和系统规划,完善农民思想政治教育的内容体系。

(一)以新时代中国特色社会主义理论为主线的政治观教育

马克思、恩格斯认为,无产阶级政党要吸引农民、争取农民,必须善于运用科学的理论对农民进行说服教育,而不能运用抽象、空洞的传教式言论,他们指出"理论只要彻底,就能说服人"[1],对农民开展思想政治教育必须要有强有力的理论体系作为支撑才能说服人。毛泽东在《论人民民主专政》中指出:"十月革命一声炮响,给我们送来了马克思列宁主义。"[2]在马克思列宁主义的指导下,中国找到了适合自己的道路,并推动了马克思主义中国化的发展。当前,随着我国进入中国特色社会主义新时代,社会矛盾已经发生了转化,农民的思想价值观念也发生了变化,这就需要我们在马克思主义思想

①《马克思恩格斯选集》(第一卷),人民出版社,2012年,第10页。
②《毛泽东选集》(第四卷),人民出版社,1991年,第1471页。

的指导下，运用马克思主义理论中国化时代化的最新成果加强对农民的思想政治教育。如果不能及时地更新农民思想政治教育内容体系，就会出现理论与实践相脱节的现象，出现理论不管用、政策不顶用的现象，思想政治教育不能真正解决农民的思想困惑，不能帮助群众树立正确的政治观念。新时代要用马克思主义理论中国化时代化的最新成果武装农民，特别要注重运用习近平新时代中国特色社会主义思想教育农民，帮助农民树立坚定的政治信仰和政治信念。习近平新时代中国特色社会主义思想是发展中的马克思主义，是马克思主义中国化的最新成果，是农民群众开展农村生活和生产实践的思想武器和行动指南。

用习近平新时代中国特色社会主义思想教育农民是一项政治任务。习近平新时代中国特色社会主义思想是在新时代创立的理论，具有强烈的时代性和实践性。运用新思想武装农民，加强农民对中国特色社会主义事业"四个自信"的深刻认识，加深人民群众对中国特色社会主义事业的理解，增强农民对新时代中国特色社会主义事业的热爱之情和信仰之心，激发农民积极投身于当前乡村振兴发展事业的热情。加强农民对中国特色社会主义的道路自信和理论自信，坚定农民对中国特色社会主义发展方向、对乡村振兴战略发展目标必将实现的信心，强化农民对农民职业的认同、对农村的热爱。加强农村对中国特色社会主义的制度自信，坚定农民对农村民主政治制度的自信。加强对农民文化自信的教育，坚定中国优秀传统文化自信的需要。

用习近平新时代中国特色社会主义思想教育农民要重视发展。以习近平同志为核心的党中央提出了"创新、协调、绿色、开放、共享"的新发展理念，是新时代乡村振兴发展的方向，也是破解"三农"新难题的新理念。针对"十三五"时期要在全国建成大约六千个美丽乡村的任务，村级党组织必须加强对农民的新发展理念教育，加强农民科技创新发展教育、绿色生态发展教育、集体共享协作教育、协调可持续发展教育，帮助农民转变不良的发展观，树立良好的发展观,深化对美丽乡村建设的认识,助力乡村振兴。此外,用习近平新时代中国特色社会主义思想教育农民要重视加强新时期国情形势和农村政策教育,使农民能够对农村的方针政策有一定的认识,及时掌握当前国家农村政策的内容和要求,并根据政策信息安排改进自己的生产和生活。

(二)以社会主义核心价值观为主导的价值观教育

在新时代背景下,面对当下农民群众的思想道德素质存在的问题,我们不得不思考如何运用先进的思想价值观念引领乡村道德观念建设。党的十八大报告提出的社会主义核心价值观是社会主义意识形态的主要标志,是社会主义本质在价值理念方面的集中体现。社会主义核心价值观倡导富强、民主、文明、和谐的国家观,自由、平等、公正、法治的社会观,爱国、敬业、诚信、友善的个人观;明确了在国家、社会、个人层面的行为规范,彰显了国家、社会、个人层面不同的基本价值追求,与农民精神生活发展逻辑高度统一,是帮助农民摆脱精神困惑的思想旗帜。社会主义核心价值观承载着国家、社会和个人美好的夙愿,深刻反映了中华民族伟大复兴征程中国家、社会和个人的价值标准,有益于农民形成良好的道德观念和行为规范,为农民的精神生活奠定了价值支撑。

党的十九大报告指出:"把社会主义核心价值观融入社会发展各个方面,转化为人们的情感认同和行为习惯。"以社会主义核心价值观念培育农民的价值观,发挥社会主义核心价值观对农民理想信念的引领作用。在国家层面,村级党组织应引导农民树立国家层面的正确价值观,增强农民对于党和国家各项方针政策的支持与拥护,增强农民为中华民族谋复兴的责任感,激发农民为乡村振兴、为国家繁荣富强而奋斗的民族精神和时代精神。在社会层面,村级党组织应引导农民积极热心乡村事业,引导乡村公共精神的现代化发展,培养农民的民主意识、法治意识,积极参与村庄的公共事务,构建民主法治、和谐有序的乡村社会环境。在个人层面,社会主义核心价值观能够为村民的日常生活树立良好的行为准则,对村民之间形成新型的人际关系、积极弘扬传统的道德具有导向作用。

二、加强思想政治教育工作与其他工作的结合

思想政治教育工作的地位极端重要,思想政治教育工作是其他一切工作的生命线。生命线凸显了我们党历来对思想政治教育工作的重视,思想政治教育工作对其他工作具有引导、服务和保证的作用。因此,村级党组织要做到自觉地将思想政治教育工作放在生命线的位置,将思想政治教育工作贯穿到其他工作中,实现思想工作和其他工作之间的良性互动。

(一)将思想政治教育工作与中心工作结合起来

思想政治教育工作是党的工作的生命线,其最终目的是为党的中心工作服务,这是思想政治教育工作的基本原则。因此,思想政治教育工作要与当前的脱贫攻坚和乡村振兴中心工作相结合。党中央精准扶贫战略规划提出"扶贫扶智"的思想,《中共中央　国务院关于实施乡村振兴战略的意见》中提出"要使农民成为值得尊敬的职业、要大力培育新型的农民"。这些思想都与农村思想政治教育的教育目标具有内在契合。农村思想政治教育的目标是"一定社会对教育者所要造就的社会个体在思想政治品德方面的质量和规格的总的设想"[1]。思想政治教育的目标就是改造人的思想,改造人落后的思想观念,实现人的全面发展。因此,思想政治教育工作要与中心工作相结合,在开展脱贫攻坚和乡村振兴的过程中,村级党组织通过开展扶志扶智的

---

[1]　郑永廷主编:《思想政治教育学原理》,高等教育出版社,2016年,第173页。

思想教育活动,帮助农民群众树立正确的三观,从根本上激发农民的主体意识和自我发展的意愿,促进农民群众见贤思齐、勤劳致富,彻底阻断代际贫困的根源,把群众培育成自强不息的新型农民。

(二)将思想政治教育工作与发展村集体经济结合起来

"思想政治教育的经济价值,是指思想政治教育劳动所创造的能促进社会经济增长和发展,满足人们物质和精神需要的效应。"[1]村集体经济的发展有利于培育农民的集体意识,有利于培育新型农民。因此,要将加强农民的思想政治教育工作与发展村集体经济工作结合起来,解放长期存在于农民身上的自给自足的小农经济的意识,解放农民小富即安的心态,以及受到市场经济影响的"利己"的行为准则和心态。在发展集体经济的过程中,村级党组织要引导村民克服"短视"和"自利"的意识,积极参与村集体经济的发展。村级党组织要引导农民树立集体主义的意识,加大对农民专业化的技能培训,注重培育适合市场经济发展的具有一定科技能力、专业能力、愿意走集体合作化道路的新型农民。针对农民文化素质低、专业能力不强的现状,村级党组织可以通过多元化的方式和渠道,采取网络培训、职业教育培训、专题培训等方式开展专业技能培训。针对农民思想观念较为滞后的情况,不断加大对群众的思想观念教育,向群众宣传党中央发展村集体经济的价值和意义,让群众深刻认识到集体经济的优势,并且自愿积极参与到村集体经济的发展中来。村级党组织在宣传的过程中要善于利用榜样的力量感化群众,通过积极宣传发生在群众身边的通过村集体经济发展致富的典型人物和成功案例,让群众深刻感知村级集体经济在切实解决群众负担、指导群众致富方面的优势,使得群众产生看齐意识,自愿加入集体中来。

---

① 张耀灿、郑永廷:《现代思想政治教育学》,人民出版社,2001年,第119页。

(三)将思想政治教育工作与加强管理工作结合起来

健全自治、法治、德治相结合的现代乡村治理体系是乡村振兴中的政治建设的目标。要实现这个政治目标需要加强对农村的思想政治教育,提升农民政治参与的积极性和有序性。将农民的思想政治教育工作与加强管理工作结合起来,有利于培育现代公民参与意识、独立的主体意识、积极的法治意识、自觉的权利义务意识、合理合法的民主平等意识,推动基层民主政治工作的开展。将思想政治教育工作与管理工作结合起来,一方面需要村级党组织通过充分运用村民自治制度的平台,激发群众参与乡村治理中的主动性,增强村民的参与感和获得感;另一方面,需要基层干部自身示范、积极引导,依靠乡村治理体系,通过领导村民委员会真正落实村民自治制度,引导群众依法参与基层民主建设,提升政治参与能力,发挥其管理监督职能。

(四)将思想政治教育工作与发展农村文化教育工作结合起来

毛泽东指出:"旧思想的残余,总是长期地留在人们的头脑里,不愿意轻易地退走的。"①村级党组织应关注农民群众的思想和文化教育问题。提升农民的思想文化素质,要与农村的文化教育结合起来,农村孩子的未来在一定程度上也是乡村发展的未来。新时期,教育的发展不仅能提升农民的素质,还是农民脱离贫困的根本,也是阻断代际贫困的根源。美国经济学家J.明瑟认为:"80%的成人识字率是经济起飞的条件,95%的成人识字率是经济可持续发展和促进高消费的重要基础。"②知识在当今社会中发挥着越来越重要的作用,当下的农村出现新的"读书无用论",出现学生辍学的问题,这对于乡村发展来说绝对不是一件好事。笔者在调研中了解到,H市某中学辍学学

①　《毛泽东文集》(第六卷),人民出版社,1999年,第450页。

②　郝涛:《习近平扶贫思想研究》,湖南大学博士学位论文,2017年,第95页。

生(主要是指已报名,但是没有去上课的学生)的数量有一百多个,这部分学生主要来自离异家庭或是留守儿童。出现这种现象值得警惕。因此,加强对农村的思想政治教育工作,要让家庭的责任人认识到教育的价值,积极与乡村教师的教育工作相配合,做好孩子的思想工作,让农村的孩子深刻意识到知识的力量。

三、加强农民思想政治教育组织队伍的建设

农村思想政治教育需要不断加强组织性,不断引入多元化组织,不断壮大"三农"工作队伍,为农村思想政治教育提供组织保障和人才支撑。

(一)发挥基层单元的思想政治教育功能

农民的思想政治教育功能要渗透到最后一公里,需要充分发挥自然村的思想政治教育功能。从某种意义上说,村级党组织要充分发挥其思想政治教育功能需要借助自然村的力量。正如贺雪峰指出:"当前农民很大一部分问题是集中在村社一级,而正是村社一级有能力和动力解决千家万户的问题,回应他们的需求。"①自然村作为基层单元在做农民思想政治教育工作中具有天然的优势。近年来,村民自治中所建立的村民小组和村域党建单元是和农民联系最为密切的思想政治教育组织结构,是党的路线方针政策、党的主张贯彻落实到每一个农民个体的最基层的组织单元。充分发挥村民小组的基层党建单元的作用,能够充分结合自然村人情社会、熟人社会的天然优势,能够充分发挥传统教育资源的优势。

发挥村民小组的思想政治教育作用,需要加强村民小组自身的组织建

---

① 贺雪峰:《基层治理要直面矛盾》,《决策》,2015 年第 1 期。

设,因为规模适度的自治单元可减少自治成本和沟通成本。①因此,村民小组发展的组织规模要坚持适度的原则，将农民的思想政治教育功能融入村民小组的发展和优化中,增强农民思想政治教育的实效性。当前,很多村庄都在通过发挥村民小组的作用做群众的思想政治工作,并取得了良好的效果。笔者在调研L市生态农业示范区如何在短短一年的时间内有效地流转农民的土地时发现,当地正是运用村民小组作为基本的教育单元,将村民在村民小组中结对子。由于担心反对土地流转会出现没有农户愿意结对子,导致以后红白喜事没人帮忙的现象,村民纷纷踊跃支持土地流转。

(二)探索新时期农村社会组织的思想政治教育的辅助功能

社会组织都有特定联系和服务的群体，社会组织开展思想政治教育往往具有情感性、渗透性和多样性的优势。充分发挥多元社会组织的思想政治教育功能,一方面可以缓解农民思想政治教育力量不足的困境,另一方面还能有针对性地提升村民的思想政治素质。农村社会组织中凸显服务功能的组织,如娱乐文化爱好组织开展思想政治教育可以拓展群众的兴趣爱好,丰富群众的生活,进而提升群众的精神面貌。乡贤理事会组织可以对村民进行村规民约教育，弘扬传统的乡村道德文化。发挥乡贤理事会在调解民事纠纷、调解婆媳关系,以及处理红白喜事、禁毒方面的作用,可以让群众在实践中提升思想素质。湖南娄底一位镇党委书记说:"现在全乡都建立了红白理事会,帮助村民组织日常事务,而且不收钱,并且还建立了200多个义务巡逻队,有了这些能够帮助村民解决事情的社会组织,乡里民风淳朴、基本没有群众上访,社会和谐。"②农村合作社组织可以培养农民的现代经济管理理念,提升现代文化素养。救助类的社区组织可以激发困难群体、弱势群体自

① 李松有:《群众参与视角下中国农村村民自治基本单元的选择》,《东南学术》,2017年第6期。
② 郝涛:《习近平扶贫思想研究》,湖南大学博士学位论文,2017年,第92页。

强不息的精神等。因此,村级党组织要加强与农村社会组织之间的联系,发挥社会组织在改变群众落后的理念、习惯,培养群众现代化生产方式和生活方式方面的作用。

(三)积极引进农民思想政治教育的相关技术和人才

如果仅仅依靠数量不多的村级党组织的党员干部队伍去做广大农民的思想政治教育工作,不仅会加大村民党组织党员干部队伍的工作量,而且会使思想政治教育工作的效果明显。因此,实现思想政治教育人才的输血与优化,加大对思想政治教育工作的人才支持,要充分发挥各方人才在推进乡村振兴中所发挥的积极思想政治教育因素,提高农民的能力素质,培育新型的农民。

一是加大对农业技术人才的支持。要培养适应现代农业发展的科技型人才,离不开农业科技人才队伍的建设与支持。县级组织部门要加大高校科研院所和大专职业院校对农村的支持,加大对农民的职业技能教育培训,加强对农民的专业化、系统化、职业化的培养,提高农民的职业技能,促进农民身份向职业化转变,增强农民对农民身份的认同感。村级党组织要根据当前农村劳动力的现状,重新优化农村劳动力的能力素质结构,解决农村劳动力总量过剩和结构性短缺并存的问题,培养现代农业科技型人才,提高农民的综合能力。

二是加大农业地方院校培养为基层服务的专门人才的力度。发挥农业院校为基层服务、培养和输送专门的农业科技人才的功能,促进乡村社会的人才振兴。地方农业院校要注重优化培养目标,优化人才结构,不断培养出具有较高的思想政治素质,具有一定科技能力,了解农村生活实际的人才队伍,通过大学生村官或大学生参与农业专业合作社的方式,充实乡村人才队伍,壮大乡村思想政治教育的主体。

三是充分发挥新时期乡村精英的作用。新时期,应鼓励人才(即乡村精英)回归,弘扬乡贤文化,凝聚乡贤力量,加强对农民的思想政治教育。一方面村级党组织要完善吸引乡村精英回乡的平台和机制,另一方面还要积极主动培育本土新型的农村精英,如中坚农民,壮大农民思想政治教育的力量。

四是要加强与乡村多元帮扶力量的合作。当前,脱贫攻坚背景下,贫困村和贫困户都有自己的帮扶人,帮扶人主要是来自机关单位的干部和乡村教师,他们都具有较高的政治素质和文化水平。村级党组织要加强与帮扶人之间的联系,使得帮扶人能够成为弘扬社会主义核心价值观、传播现代思想的引领者。

四、探索灵活的农民思想政治教育方式

农民思想政治教育的方式是教育主体和农民进行互动的桥梁,新时代探索灵活性的农民思想教育方式,要根据农民的特征、兴趣爱好和农村的现实情况而定。

(一)实现思想政治教育内容的生动活泼

正如马克思所指出的:"语言是思想的直接现实。"①语言是我们认识世界的工具,马克思主义理论的学说要被群众所掌握,离不开语言这个传播载体。语言是生活的化身,话语创新关键要使话语接地气,将晦涩难懂的语言转化为贴近群众生活实践的"白话文","白话文"式的语言具有通俗易懂、生动活泼的特征,但又要防止为了一味迎合群众的需求出现庸俗化、娱乐化的话语现象。因此,在农民思想政治教育的过程中,教育内容既具备理论的深

---

① 《马克思恩格斯全集》(第三卷),人民出版社,1960年,第525页。

度又富有生活的气息,就需要通过将理论话语与大众话语的有效结合,实现话语由理论化向通俗化的转向。正如列宁指出的"最高限度的马克思主义=最高限度的通俗明了"①,这意味着思想政治教育内容宣传要着力缩小理论与日常生活的距离。坚持大众化的话语体系,需要做到善于运用群众喜闻乐见的话语。"开展思想政治工作,要力求做到生动活泼、群众喜闻乐见,切忌形式主义、教条主义,切忌简单生硬。"②思想政治教育要得到群众认可,就需要做到根据群众生活实际的变化、群众的特点,形成具有时代特点的,生动的、实践的、鲜活的宣传话语,并善于用生活语言深入浅出地诠释马克思主义理论,真正"贴近实践、贴近生活、贴近群众",把马克思主义理论的抽象性与群众关心的民生,以及党中央的政策联系起来,并用通俗的语言加以呈现,以便引起群众的共鸣。

(二)思想政治教育要与解决群众问题相结合

坚持民生民意为本,关注群众的利益诉求是马克思主义的鲜明特点。农民思想观念的形成与农民的物质生产生活联系密切,尤其是受到物质利益的影响。因此,村级党组织开展思想政治教育工作,要想方设法地为群众多做实事,解决农民的利益问题,以获得农民的支持。村级党组织要帮助群众超越感性认识,进而了解理性世界,真正认可真理,既能看到共产主义社会的美好图景,也能正确认识到处于共产主义社会初级阶段的社会主义社会在发展中面临的问题。即思想政治教育工作要与真正解决农民最关心、最迫切的教育、医疗、分配不公、食品安全、生态环境等方面的民生问题相结合。正如毛泽东指出:"群众所关心的现实问题,都是我们值得注意并加以解决的问题,只有这些问题解决了,我们才能真正成为群众的组织者,才能真正

---

① 《列宁全集》(第36卷),人民出版社,1985年,第467~468页。

② 《江泽民文选》(第三卷),人民出版社,2006年,第93页。

地让群众热烈地拥护我们。"①关注民生诉求是思想政治教育工作能够始终保持吸引力的逻辑起点，这就要求将思想政治教育工作与群众工作结合起来，增强思想政治教育的魅力。

(三)探索思想政治教育多元化的引导方式

马克思主义意识形态传播的本质是说服式、引导式的教育,这种说服式和引导式的教育是建立在平等的基础之上,这就需要做到以下两点。

一是思想政治教育与实践的结合。马克思、恩格斯旗帜鲜明地反对脱离实践进行纯粹的抽象化的理论教育，认为提高群众思想觉悟最有效的途径就是革命实践。他们指出："无论为了使这种共产主义意识普遍地产生还是为了实现事业本身,使人们普遍地发生变化是必需的,这种变化只有在实际运动中。"②村级党组织加强对农村的思想政治教育工作需要转变以往的思维,要密切关注群众的生活,并不断将理论知识转化为其丰富的生活内容,实现空洞的理论教育向有血有肉的教育转化。在实践中,村级党组织要教育引导农民、改变农民的思想观念,要灵活运用发生在群众身边的生产生活经验开展教育,不能进行强制灌输。"不要硬把别人在开始时还不能正确了解、但很快就能学会的一些东西灌输给别人,从而使初期不可避免的混乱现象变本加厉。"③而应注重运用在农村基层涌现出来的典型案例加强对农民的思想教育。比如,贵州省大坝村在村支书陈大兴的带领下,通过全体村民的艰苦奋斗,并没有完全依赖政府的扶持,在短短的五年之内,实现村集体经济由

---

① 《毛泽东选集》(第一卷),人民出版社,1991 年,第 137 页。
② 《马克思恩格斯选集》(第一卷),人民出版社,1995 年,第 91 页。
③ 《马克思恩格斯选集》(第四卷),人民出版社,2012 年,第 586~587 页。

无到有,实现了从一个省级贫困村到脱贫致富村的蜕变。[1]这是很有教育意义的农村基层实践经验,彰显了村支书带领群众发展的内生动力。

二是思想政治教育要充分运用现代信息网络技术。内容是根本,技术是支撑,在信息化快速发展的今天,能不能有效地使用新媒体技术直接影响着思想传播的效度。根据第45次《中国互联网发展状况统计报告》的数据,截至2020年3月,我国网民规模达9.04亿,普及率达64.5%,手机网民规模达8.97亿,网民通过手机接入互联网的比例高达99.3%。[2]这说明,村级党组织在开展思想政治教育的过程中,能不能将互联网这个巨大的变量转化为巨大能量,成为新时代考量村级党组织思想引领力的重要因素。村级党组织要善于利用网络平台便捷、开放、交互式参与的特点,借助微信等多种形式,由传统注重单向式的灌输转向与群众多元化的交流、互动,让群众真正参与到思想政治教育的过程中来。此外,村级党组织要借用新技术手段宣传党的理论,壮大马克思主义主流意识形态阵地,牢牢占领舆论引导、思想引领的制高点。

第三节　提高基层社会的组织化水平以提升群众组织力

党的十九大报告首次提出"增强党的群众组织力",凸显了加强党的群众组织力的重要性和紧迫性。村级党组织要深刻认识人民群众的主体地位,充分发挥人民群众的力量,将群众重新组织起来,提高基层社会的组织化水

---

① 《大坝,大兴!——贵州安顺市西秀区大坝村村支书陈大兴的故事》,中国共产党先锋网:http://dangjian.people.com.cn/n1/2018/0712/c117092-30143310.html。

② 第45次《中国互联网发展状况统计报告》,中共中央网络安全和信息化委员会办公室:http://www.cac.gov.cn/2020-04/27/c_1589535470378587.htm。

平以提升群众组织力,为村级党组织的领导力建设提供深厚的群众基础。

一、扩大村级党组织的组织覆盖范围

组织覆盖是将群众组织起来的基础,也是"服务"覆盖的基础。村级党组织应立足农村社会环境的变化,优化村级党组织的设置,以便最大限度地加强与农村社会中不同领域、不同阶层的群体和组织之间的联系,扩大党组织在群众中的影响力。

当前,为适应农村社会多元化和复杂化的趋势,村级党组织要建立和完善"纵向到底、横向到边、纵横交错"的组织结构体系,尽可能地将党组织结构覆盖到更多的群众。"纵横交错"是指根据农村社会发展的趋势,努力做到党的基层组织设置与农村社会同步运转、同步设置,实现村级党组织设置的立体化、动态化和多元化,[①]增强村级党组织组织群众的灵活性和整体性。"纵向到底"是指要完善乡镇党委-新型农村社区(中心村)或行政村党支部的纵向结构,在深度上保障了党的根基扎根于农村,能够有效地融合乡村原有的亲缘、地缘、血缘关系,使得党的组织能够影响和覆盖到每一个农民。"横向到边"在广度上能够保证村级党组织的社会覆盖,侧重于村级党组织体系的横向扩展,使得村级党组织的领导力能够影响到农村社会的各个领域和各个组织,扩大了党组织对不同领域、不同阶层群众的影响力。

一是要将党组织的网络体系延伸到农村社会各类组织中,探索党组织设立农业合作社、行业协会等形式,减少党组织覆盖的空白点。针对党员较多、规模较大的农业合作社,应以单独组建党组织为主;针对行业性较强、分布较为零散的行业协会,可以探索通过行业统建的方式建立党组织。在农业

---

① 王玉杰:《浅谈农村基层党组织设置形式创新》,《理论导报》,2008 年第 11 期。

园区和农业企业,可以考虑以区域联建的方式建立党组织,推动村级党组织的组织体系向非公经济组织和社会组织的覆盖。

二是打破行政村域、城乡地域和不同行业的限制,在以行政村设置为主的原则基础上,在产业链上探索设置党组织,探索"村村联建"的方式,最大限度地整合党建资源,将不同领域的群众重新组织起来。联建型的村级党组织能够最大限度地整合党建资源,实现党支部由单干向抱团发展。引导农村党支部跨越地区、跨越产业、跨越所有制组建党建联盟,并根据新型的业态组建党组织,减少党组织覆盖的空白点。上级党委可以根据"1+X"的联村共建模式,将产业同行、资源互补、地域相近的行政村党组织、产业党组织、行业党组织联合起来成立党建联盟。党建联盟的党委一般由乡镇党委直接领导,党委所管辖的行政村隶属关系、村界不变。党建联盟能够充分发挥产业资源优势,做大做强产业,形成广覆盖、广吸纳、动态开放的村级党组织体系,更好地将产业链上的群众组织起来,促进群众增收。此外,根据农业产业化的发展要求,以产业链为纽带建立党组织,促进农村产业结构转型升级,推动农村产业结构由单向发展向链式发展转变。如根据"上下延伸"的原则,形成产、供、销金融服务于一体的党组织体系,能够实现产业的转型升级,增强群众抵御市场经济挑战的能力。联合组建村级党组织,这种采取村企联建、村村联建、村居联建、城乡基层党组织联建的模式,能够最大限度地实现村级党组织跨行业、跨地域的资源整合。村村联建以中心村党组织为依托,实现强村与弱村的联合,缩小村村之间的发展差距,实现群众的共同富裕。

三是逐渐变革"一村一支部"的基层党组织架构,打破行政村区域的限制,从乡村振兴和脱贫攻坚的艰巨任务的实际出发,从我国传统文化的"差序格局"出发,推动组织架构设置重心下移到自然村,尤其注重在少数、边穷、落后地区的自然村设置党组织。针对当前新型农村社区迅速发展的趋势,根据农村党员的数量和党组织运行成本,有针对性地设立农村社区党组织,减少党建设置的空白点,发挥农村社区党组织的作用。针对经济落后地区党员数量较多、居住距离过远、脱贫攻坚任务艰巨,以及农村生活的实际状况,将组织设置的重心下移到自然村或村民小组。

四是将游离于组织之外的农民群众重新纳入党的组织体系中。根据党员的流向设置流动型党组织或隶属原支部的流动党小组,一方面能增强对流动党员的管理,另一方面也方便将流动的农民重新吸引到党组织结构中,增强村级党组织的流动性和适应性。为加强村级党组织对党员日常生活的渗透性,组建"功能型党支部",即把兴趣相似、从事的行业相似的党员编入一个支部,形成"趣缘党支部""业缘党支部",进而实现党支部的"地缘覆盖"到日常工作生活的"纵深覆盖",增强党组织的吸引力。

二、建立群众与村级党组织的利益联结机制

村级党组织要将群众重新组织起来,需要建立利益联结机制,让群众在集体中获得发展。改革开放以来,随着家庭联产承包责任制的实施,集体利益与个人利益出现分离,集体经济不再是计划经济时代将群众集合起来共同生产的代名词,而是具有产权边界,并向非农产业扩展的能够释放经济效益的经济形式。总体来看,集体收入的分配形式主要有四种层面:按劳分配、按需进行的社区保障和福利分配、按土地收入进行的集体收入再分配、按股分配。[①]集体经济在促进人民群众增收、帮助困难群众、实现社会公平方面具有个体经济无可比拟的优越性。村级党组织要重视发展村集体经济,以提高村民的组织化为导向,深化农村集体产权制度改革,拓宽村集体经济的增收渠道,充分利用村集体的土地资源,促进村集体调整产业结构,增加村集体

---

① 王颖:《新集体主义:乡村社会的再组织》,经济管理出版社,1996年,第14页。

经济的经营型收入。

一是深化农村集体产权制度改革。村级党组织在领导集体经济发展的过程中，要以实现和维护农民的利益为立足点，要积极推动集体资源变资产、资产变股金、农民变股东，赋予农民对集体资产股份占有、收益、有偿退出及担保和继承的权利，增强村民与村级党组织之间的利益联结度。这样既明确村级集体经济组织和农民在村集体经济中的主体地位，又能调动农民的积极性，促进村集体经济的发展，增加村集体经济的收入。深化农村集体产权制度改革，需要建立明晰的集体经济产权制度。明晰的集体经济产权制度是重新建立农村集体经济积累与发展机制的制度基础。①明晰的集体经济产权制度要明确集体资产归谁所有、有谁行使所有权和资产的处置权，以及依据各种形式公平分配集体资产的收益权。如在积累方面，通过对集体资金资产收入做好相应的积累计划，保障村集体经济能够继续扩大再生产；在利益分配方面，通过健全多元化的利益分配制度，兼顾集体利益和成员个体利益，既能确保集体有一定的积累，又能让成员共享集体经济发展的成果。在非经营领域，引导村级集体经济组织有效利用非经营性资金，投向为村民服务的公共性领域，增强农村集体经济在推动农村经济发展和促进社会公平中的基础作用。深化农村集体产权制度改革，需要探索适应市场经济发展的管理制度，实现对"三资"产业的规范化管理，这种管理制度既能发挥村集体经济组织发展集体经济的积极性，又能彰显村民的主动性。

二是增加村集体"土地集中"的经济效应。村级党组织要发展壮大村集体经济，要充分利用存在的土地资源，在经济发展形式上可以采取"土地集中生产经营型"的方式，发挥农业生产的组织化和规模化的效应。首先村级党组织要领导村集体经济组织管理好村里的机动地。机动地主要是指农村

---

① 李新水：《"三农"策论》，湖北人民出版社，2013年，第17页。

集体经济组织预先留出来不作为承包地的少量用地,要向机动地要效益。村级党组织应在准确核查村里的机动地的基础上,对机动地发包公开招标,并合理规定发包的期限。一般公开招标期限为3年,如果承包期过长容易导致寅吃卯粮的现象发生。其次要合理规划村庄建设。村级党组织要根据村庄的实际制定出具有村庄特色的村庄规划,村级党组织通过将空心村所占用的宅基地统一收回村里,盘活空心村的土地资源,大力整治空心村,发挥空心村的土地经济效应。村级党组织要引导村民在规划范围内积极稳妥地建设村民居住地点,要让群众深刻了解土地的用途,认识到未批先建、违法乱建、侵占耕地资源是一种违法行为。最后要落实土地确权制度,积极推动和规范土地流转。通过土地资源的流转,将村民长期外出务工撂荒的土地盘活起来,将村民种植的小块的零散的土地集中起来,扩大规模种植,使得种植业由纯粹依靠人力转向依靠科技的现代农业,实现"小块并大块,多块并一块"的土地规模效应。村级党组织在落实土地确权制度中,要加大对土地确权制度的宣传,增强群众保护土地、合理使用土地、流转土地的意识。在宣传的过程中,要让农民深刻了解和认识到土地所有权、承包权和经营权之间的区别,村民不享有土地所有权,享有的是承包权和经营权,流转的是经营权。在土地确权的过程中加强调查分析,村级党组织要组织好调查摸底和测量指界工作,尤其是针对没有明确依据的有争议的土地,要充分发挥乡、村两级的利益协调功能。

三是增加村集体"产业带动型"的经营型收入。"产业带动型"的经营收入是指村集体结合自身的地域条件和资源禀赋,发展具有特色的产业,村集体带头创办专业合作社或者村集体通过引进龙头企业的形式,增加村集体和群众的收入。一方面,村级党组织领办农业专业合作组织,做大做强村集体经济。有一定积累基础和外力支持的村庄,可以通过"村级党组织+公司(合作社)+农户"的发展方式,重新建立村集体与农户之间经济上的利益联结关系。如云南省通过在全省农村推开"合作股份",以村庄原有的积累、村庄的机动地折价股份、上级拨付的产业扶贫资金、部门援助资金、种植大户出资、其他农户出资的方式创办了农业专业合作社,壮大村集体经济。另一方面,通过村办集体企业壮大村集体经济。村级党组织立足村庄的优势产业,引进龙头企业,发展村庄的特色产业,让村庄的特色产业形成产业化、规模化。村级党组织在引进龙头企业的过程中,要发挥龙头企业连接市场与农户的桥梁纽带作用,探索建立农户土地入股"底金+分红+劳务收入"、农户土地合作"公司+家庭农场",以及反租倒包和统租分包等多种土地流转模式和服务方式,带动村集体的农户实行统一农资供应、统一技术流程、统一生产标准、统一产品质量、统一品牌销售的产业化经营,不断增强农民的组织化程度和抵御市场风险的能力。村级党组织要积极培育龙头企业的带富能力,采取"一户带多户、多户带全村、一村联多村"的办法,拓展农产品生产基地,发挥龙头企业带动周边农户致富的效应。

三、提高村级党组织协调群众利益的能力

利益是一切行为的逻辑起点,利益直接支配着行为。[1]迈克尔·罗斯金等学者指出政党发挥着将民众利益整合进政治体系的动能。[2]能否实现群众的根本利益以及能否有效地进行多元利益整合,是村级党组织能否赢得民心的关键。

(一)健全的利益表达机制

建立健全的利益表达机制是村级党组织进行利益协调的前提和基础。随着乡村治理体系中法治的推进,利益表达的程序化、制度化成为衡量村级

---

① 苏国勋:《理性化及其限制——韦伯思想引论》,上海人民出版社,1988年,第84页。
② [美]迈克尔·罗斯金等:《政治科学》,林震等译,华夏出版社,2001年,第217页。

党组织领导法治能力强弱的标志。由于"利益表达要想最大可能地影响国家政策,就取决于为此而进行的政治参与的强度和持久性,零散的个人的利益表达是难以达到它预期的目的"[1],同理,要使利益表达能够最大限度地影响基层民主决策机制,村级党组织要引导村民运用村民自治以及社会协商的平台,充分发挥村民自治制度和农村社会协商民主制度在利益表达中的作用。村民自治制度与农村社会协商民主制度作为农村生活中制度化的利益表达手段,是群众有效表达其利益诉求的渠道。完善村民自治制度的利益表达渠道要进一步完善民主选举制度,提高村干部选举的代表性,使得当选的村干部能够真正代表村庄广大群众的根本利益。而完善农村社会协商民主制度要进一步探索和完善社情民意发现机制,使得社会组织提出的协商议题更具有代表性和针对性。村级党组织要探索灵活性的民意表达制度。与城市文化的不同,在熟人社会中,制度化的民意表达机制应该更具有灵活性,更符合群众利益表达的习惯。如 N 县通过设立"说事长廊"和"聊天长廊",在群众教育的实践活动中,利用农村自然形成的闲聊点,建立"聊天长廊",让群众有地方说话,说话有人听,党员干部通过与群众坐到一起,讲到一处,拉近了距离,在聊天中了解社情民意,收集群众最真实的想法。

(二)完善利益补偿机制

利益补偿机制主要是针对弱势群体和利益损失者而言的一种制度设计。合理的利益补偿机制有利于拉近村庄富裕群众和困难群众的收入差距,促进社会公平公正的实现。并且在政策落实的过程中,是对利益损害较大的群众的一种适当的利益补偿,一定程度上可以减轻群众的利益负担,体现政策公平,消除利益受损群体的抵制心理,增强群众对政策的支持度。

---

[1]　施雪华主编:《政治科学原理》,中山大学出版社,2001 年,第792 页。

一是要加大对困难群众的政策倾斜。当前,我国村民的社会结构日益复杂化,农民由清一色从事农业劳动、收入水平相对平均的群体,分化成经营多种职业、收入差距不断加剧的不同阶层。①根据相关数据显示,虽然我国贫困人口从2012年底的9899万人减少到2019年底的551万人,但是在剩余建档立卡贫困人口中,老年人、患病者、残疾人的比例达到45.7%,已脱贫的人口中有近200万人存在返贫风险,边缘人口还有近300万存在致贫风险。②农村中的贫困阶层,在经济资源和社会资源都处于农村社会发展的最下层,是当前党和国家帮扶政策、救济政策的主要对象。我国实施的精准扶贫战略就是为了优化村民结构,增强贫困人口的收入,让困难群众尽可能地共享改革开放的成果。村级党组织作为贯彻精准扶贫战略的最后一公里,在优化村民结构时,要尽量将党和国家自上而下的政策资源向困难群众倾斜,使得困难群众得到最大的政策和资源的扶持。在村庄内部资源的分配上,村"两委"干部要突破阶层的障碍、人情关系的困扰,公平公正地将资源进行有效的分配,给予村庄困难群众最大的机会和份额。

二是给予利益受损的群众合理的补偿。村级党组织在落实党在农村中的各项政策时,政策本身就涉及多元利益主体,政策在执行的过程中,必然会使一部分群众的利益受损。毛泽东说小农阶级具有自身的局限性,村民普遍存在小农意识,在政策参与中,依据特定的"利益诉求"做出其行为选择,都希望以最低的成本获得最大的收益。根据群众"利益导向"的行动逻辑,如果支持政策会使群众自身利益受损,将会不参与甚至抵制政策的执行。在村级党组织执行政策的过程中,村级党组织的组织目标往往具有公共性,追求的是人民群众的利益最大化,而党组织引导群众朝着组织目标努力的同时,

---

① 杨华:《农村阶层分化:线索、状况与社会整合》,《求实》,2013年第8期。

② 习近平:《在决战决胜脱贫攻坚座谈会上的讲话》,共产党员网:http://www.12371.cn/2020/03/07/ARTI1583539277597125.shtml。

也需要对利益受损的群体给予正当的补偿。具体而言,健全利益补偿机制,需要清晰明确的利益补偿标准,适当尊重当地群众的意见,扩大利益补偿的范围,增强利益补偿的原则性和灵活性的统一。尤其是针对具有收益功能和使用功能的利益补偿,如土地流转、宅基地流转,应根据市场经济的变化,扩大农民在土地增值中的比例,尽量减少群众的利益损失。

(三)健全利益引导机制

村级党组织通过建立行之有效的利益沟通和利益协调方式,引导群众正确处理村庄集体利益与个人利益之间的关系、近期利益与长远利益的关系。

一是制度引导。乡村治理向法治化的发展,意味着利益引导的过程需要有比较权威或者是比较规范的制度加以保障,增强村级党组织利益引导的理性权威。在农村社会中,制度引导主要有两种形式,即强制性的法律形式和道德约束较强的村民规约形式。强化利益引导机制,需要充分发挥法律法规的引导作用。法律引导要加强群众的法律意识,让群众维护自身的正当利益有法可依,强化群众的维权途径,改变依靠"闹事"的方式维护自身利益的理念。法律引导要强化农村基层干部执法必严的意识,并对以公谋私、以权谋私的侵犯群众利益的行为追责。此外,在农村社会,村规民约对村民的影响更为深远,并受到群众的广泛关注。为了发挥村民规约的激励约束作用,应健全村级党组织领导村规民约的制定、执行及修订过程机制,使得村民规约的约束范围更宽,约束效果更好。

二是协商引导。协商引导简言之就是要秉承"众人事情众人商量"的原则,注意吸纳和收集群众的利益诉求,维护群众的根本利益。通过农村基层干部主动入户谈话和召开村民代表大会、党员大会等形式,找出带有普遍性的需要协商的问题,并且在协商的过程中,要确保村民的知情权、参与权,以文本的形式外化村民利益诉求,力求在利益协调的过程中让村民觉得合理、满意，并且协商的主体要在村庄范围内具有较强的威信、群众的信任度较好。如 N 县 N 村通过邀请村里威信较高的人、受过教育的人、经商成功的人、反对村里建设的人，在村里重大项目决策方面提出意见，并通过反复的对话、有效的协商，进而达成共识。

四、增强村级党组织服务群众的能力

党的十九大报告指出："党来自人民、植根人民、服务人民，一旦脱离群众，就会失去生命力。"[①]村级党组织要有效地组织群众，必须坚持领导与服务并重的原则，提升服务群众的能力。

（一）壮大村级党组织服务群众的队伍力量

农村党员干部的力量是有限的，尤其是受到年龄、文化、能力的限制，但是群众的力量是无穷的。与党员干部相比，长期生于斯长于斯的群众有更贴近群众、更了解群众的优势。将村庄中具有群众基础的群众组织起来、动员起来，培育他们敢于做群众工作的意识和能力，增强他们服务群众的意识和能力，所收到的效果将会事半功倍。依靠群众做群众工作的工作方法，需要不断增强服务群众的工作力量，要充分重视工会、共青团、妇联等群众组织的助手作用，充分重视社会组织和社会志愿者的补充作用。

一是充分发挥群团组织和社会组织的作用。群团组织有固定的联系群体，其在农村中覆盖的群体较广，发挥群团组织做群众工作的功能，能够将群团组织所联系的群体发动起来，不仅有利于形成"多数人做少数人工作"的生动局面，壮大群众工作队伍的力量，而且还有利于增强"群众做群众工

---

① 习近平：《决胜全面建成小康社会　夺取新时代中国特色社会主义伟大胜利——在中国共产党第十九次全国代表大会上的报告》，《人民日报》，2017 年 10 月 28 日。

作"的亲和力。因此,新形势下改进党群工作的方法,应当充分重视群团组织在群众工作的作用,积极探索群团组织做群众工作的方式方法,并善于总结其在实践中总结出来的好方法、好经验,提高群团组织的群众工作能力。村级党组织要给予群团组织开展群众工作有效的支持和指导,鼓励群团组织大胆地依照各自的章程开展群众工作,增强群团组织服务群众的能力。同理,农村的社会组织与群团组织一样,都有其固定联系的群体,对及时反映群众的诉求发挥了重要作用,并且诸如理事会的社会组织的领导者在农村中往往享有较高的权威。因此,村级党组织要注重发挥社会组织做群众工作的优势。

二是充分发挥社会志愿者的作用。建立一支能力强、素质高、热心党的群众工作的社会志愿者队伍,有利于新形势下凝聚各方人才,做好群众工作,支援乡村建设。村级党组织应注重将热心群众工作的城市和农村的无职党员、离退休的老干部、企业中的技术骨干,以及大中专科院校的学生吸引进来,发挥他们各自在解决群体问题中的优势。

(二)创新村级党组织服务群众的工作方式

习近平提出:"继承和运用以往群众工作有效做法的基础上不断创新方式方法,帮助基层干部不断提高新形势下群众工作能力。"①当前,随着农村经济社会的变革,群众的服务需求日益多元化,村级党组织要根据群众的多元化需求,创新服务群众的工作方式和方法,运用灵活的方式为群众提供多元化的服务,以赢得群众的认同和支持。

一是建立直接联系群众的制度。直接联系群众可以深入群众的实际,克服官僚主义的不良作风。正所谓"知屋漏者在宇下,知政失者在草野",直接联系群众能够建立党员与群众之间的感情,消除党员和群众之间的隔膜。直

---

① 习近平:《群众工作是社会管理基础性经常性根本性工作》,《人民日报》,2011 年 2 月 24 日。

接联系群众的方式包括结对帮扶、下乡蹲点、驻村入户、建立党员联系点的制度等。直接联系群众的制度能够使得广大党员干部真正做到深入农村、了解群众的实际情况，党员干部在和群众直接打交道的过程中能够真正了解群众的所需、所想、所忧、所盼。尤其是针对党代表而言，通过直接联系群众的形式，直接了解群众的利益诉求，整理群众关心的热点问题，形成调研报告，能够提高党代表提议的针对性和科学性，使得党的决策更为合理和贴近群众的实际。值得警惕的是，直接联系群众的方式要防止陷入官僚主义的怪圈、避免提前打招呼，甚至打扰群众日常生活和生产的现象。党员干部不得借联系群众之名，向群众索要土特产。

二是组建党员干部义工队伍，提供便民服务。村级党组织服务群众的过程就是要为群众办实事。村级党组织可以通过简化办事流程，简化服务的程序，实现为民服务的全程代理，最大限度地在最短的时间内帮助群众办成实事。针对边远地区交通不便、群众居住较为分散的村庄，村级党组织可以通过组建党员义工队伍，采取上门服务、代办服务或者是集中办公服务的方式，帮助群众解决难题。村级党组织通过开展党员干部驻村联户的活动，组织党员干部"一对一"或者是"一对多"的方式，建立起党员干部与群众之间的直接联系或者是网格化的联系，采取上门服务或者是代办服务的方式，加大对人民群众的服务力度和帮扶力度，迅速帮助群众解决困难。

(三)搭建村级党组织服务群众的网络化平台

为了满足新形势下群众对党组织的期待，为群众的日常生活和生产提供有效的服务，"要深化网格化管理，尽可能地将管理、资源和服务向基层倾斜，使得基层有职有权有物为群众提供有效的管理和服务"[1]。网格化联系群

---

① 习近平:《在参加十二届全国人大二次会议上海代表团审议时的讲话》,《人民日报》,2014 年 3 月 6 日。

众的方式为密切党群关系提供了制度保障。在网格化管理的制度中,村级党组织通过开展岗位服务,明确党员的岗位职责,运用现代化的媒介,提供精准细致的岗位服务,满足群众的服务需求,提高网格化联系群众的有效性和及时性。

其一,村级党组织通过组织广大党员干部积极开展"两学一做"群众教育实践活动,在活动的过程中引导党员干部转变工作作风,融入群众生活,了解群众需求,因地制宜地为群众排忧解难。党员干部通过以"一带一""一帮多"等形式帮扶、援助群众,通过开展送信息、送技术、送项目活动,帮助群众提高致富本领,实现"1+1>2"的帮带效应。

其二,借助网络的平台,扩展网格化联系群众的范围。村级党组织通过组织广大党员学会充分运用互联网大数据平台了解群众的服务需求信息,通过网络平台,最大限度地凝聚人力、物力和财力资源,为群众送去精准服务。笔者所调研走访 N 县的 4 个村都借力宁海县构建"党群同心圆"的互联网平台,实现线下"精准服务"。

其三,提供细致到位的岗位服务。深入细致的岗位服务要求党员要把服务工作做细、做实,要求村级党组织"必须在抓常、抓细、抓长上下工夫"[1]。针对党员服务不到位的情况,要进行及时的监督,及时受理群众反映较差的服务问题,将群众投诉纳入考核指标中。

其四,落实岗位责任制。村级党组织通过教育、监督、问责的形式,落实岗位责任制,增强党员的服务意识、责任意识,真正做到排民忧、舒民心。

---

[1]　习近平:《坚持从严治党落实管党治党责任把作风建设要求融入党的制度建设》,《人民日报》,2014 年 7 月 1 日。

第四节　促进多元治理主体的
互动以提升社会号召力

随着社会治理由倡导专业化、精细化向实行整体性治理的转变,村级党组织领导力在结构层面的最大困境主要是治理意义上的,《关于加强和改进乡村治理的指导意见》明确指出了要完善基层党组织领导乡村治理的体制机制,要建立以基层党组织为领导,村民自治组织为基础,乡村社会组织、乡村经济组织共同参与的治理结构,力求推进乡村振兴。因此,提升社会号召力,需要增强村级党组织在乡村治理结构中的领导功能,促进农村社会中多元治理主体之间的有效协作,形成高效、合作、联动的合作机制和治理格局。

一、推动村"两委"一肩挑与班子成员交叉任职

中国的公共治理是一种"以党领政"的治理结构,党组织比其他组织在治理中发挥的作用更大。[①]在乡村治理中,村级党组织发挥着领导者的角色,村民自治组织在乡村治理中扮演重要角色, 是乡村治理结构中不可或缺的参与主体。推动村"两委"一肩挑与班子成员交叉任职,能够形成村"两委"的合力。改革开放前,乡村治理结构是村级党组织"一元主导",改革开放后乡村治理结构经历了村级党组织和村民自治组织的"二元并立"阶段,再到乡村多元共治时期的"二元主导、多方参与阶段"。"二元主导"的治理结构仍然是乡村治理结构的主要特征。为了有效适应乡村治理结构的发展,加强村级

---

① 俞可平:《走向善治:30年来中国的治理变迁及其未来趋势》,社会科学文献出版社,2008年,第20页。

党组织对村民自治组织的领导,理顺村"两委"关系,形成治理合力,成为村级党组织强化领导功能必须解决的核心问题。稳步推进"一肩挑"制度,是破解村级党组织的领导合法性权威不足的关键。将村级党组织的领导权威扩展到农村基层民主制度建设之中,才能确保村级党组织领导权威来源有着合法性支撑,也更能确保群众对村级党组织的认同具有稳定性和合法性。为此,2019 年新颁布的《中国共产党农村基层组织工作条例》和《关于加强和改进乡村治理的指导意见》都规定:"村党组织书记应通过法定程序担任村民委员会和村集体经济组织、合作经济组织的负责人,村'两委'应该实现交叉任职。"中央的这一规定不仅有利于化解村"两委"之间的冲突和摩擦,而且在一定程度上减少了群众的负担,扩大了村级党组织领导权认同的范围,巩固了村级党组织的领导基础,解决了长期以来部分村级党组织在乡村治理格局中边缘化、弱化、虚化的问题。

　　地方发展的实践证明,不管是采取"先选主任,再选支书"还是"先选支书,再选主任"的方式,村党支书和村委主任"一肩挑"和班子成员交叉任职,既确保了"自上而下"的党委权威与"自下而上"的自治权威二者融合,也有效巩固了村党组织领导权的正当性。①应当注意的是,在推进村"两委"一肩挑和村"两委"交叉任职中应该按照《中华人民共和国村委会组织法》的要求,通过"两票制"或"两推一选"机制,以合法的程序来实现党的意图和人民群众意愿的结合,为村级党组织的领导获得制度化的领导权威。

二、村级党组织要积极引入多元治理主体

　　村级党组织领导的社会治理体制强调的是多元共同参与,这里的多元,

　　① 唐鸣、张昆:《论农村村级组织负责人党政"一肩挑"》,《当代世界社会主义问题》,2015 年第1 期。

其中一个关键要素就是以社会组织为代表的治理主体。随着农村社会组织的发展，乡村社会组织在农村社会中的治理作用日益显现，党的十八大以来，党和国家也多次提出要发挥社会组织的作用。2014年的"一号文件"最先提出充分发挥其他社会组织在农村中的积极作用，2016年的"一号文件"则直接指出要完善多元共治的农村社区治理结构。但是长期以来农村基层社会组织的力量较为薄弱，缺乏强有力的领导权威加以领导，使得社会组织在乡村社会中的成长空间受到限制，在农村社会错综复杂的利益关系中，社会组织治理功能的发挥受到了限制。新时代村级党建引领的乡村治理结构，要求在乡村治理中，积极引入各类社工组织、吸纳民间组织以及排斥黑恶组织，进一步完善乡村治理结构网络，彰显村级党组织引领吸纳社会组织的广泛性、服务性和边界性。①

一是村级党建引领吸纳社会组织的广泛性。新时代村级党组织引领和吸纳的社会组织范围从传统的局限于共青团、妇联等群团组织扩展开来，涉及的社会组织类型较为广泛。《中国共产党农村工作条例》提出，"各级党委应当发挥工会、共青团、妇联、科协、残联、计生联等群团组织的优势和力量，发挥各民主党派、工商联、无党派人士的积极作用"。社会组织范围具有广泛性，涉及的领域较广，有利于丰富乡村治理结构的网络，上述的社会组织在联系群众、组织群众参与方面都具有一定的组织优势和功能优势，能够促成更多的乡村集体行动，活跃乡村社会发展的氛围，也能为乡村振兴提供社会力量。

除了上述正式的社会组织以外，乡村治理结构还将长期在农村社会扮演"德治"作用的民间社会组织纳入乡村治理结构中来，乡村社会的民间组织诸如乡贤理事会、红白喜事会等，这类组织与村民的传统价值观念和传统的习惯具有很强的契合性，这类民间组织在推进乡村村规民约的落实方面

---

① 曹海军、曹志立：《新时代村级党建引领乡村治理的实践逻辑》，《探索》，2020年第1期。

具有天然的群众情感认同和心理优势，在农村社会发展中具有其他组织所不具有的独特的作用。《关于加强和改进乡村治理的指导意见》提出要发挥"红白理事会等组织作用"，这一规定在不少地方都得到了积极的落实。如山东省农村地区的红白理事会，就在村级党组织的领导下，充分发挥了在移风易俗和破除陈规陋习方面的作用，有利于村民树立文明的观念，提升了村级党组织领导的"德治"水平。

二是村级党建引领吸纳社会组织凸显服务导向。注重社会组织服务功能的发挥，与加强服务型的村级党组织建设目标具有一定的契合性。社会组织服务功能的发挥在一定程度上可以缓解村级党组织在服务群众中人力资源、组织资源不足的困境。当前，社会组织服务职能的发挥主要体现在两个方面：一方面是凸显社会组织针对性地做好特定群体的服务工作。2019 年《中国共产党农村基层组织工作条例》《关于加强和改进乡村治理的指导意见》和《中国共产党农村工作条例》都要求，要加强党对农村社会的领导，致力于保障和改善民生，"做好老年人、残疾人、青少年、特殊困难群体等重点对象的服务工作"，这就直接提出了社会组织具有服务特定群体的功能，明确了农村社会需要引入共青团、残联、妇联等针对特殊群体的社会组织，并发挥这类社会组织在服务民生方面的作用。另一方面还要加强公益类社会组织、互动性社会组织的作用。公益类的社会组织能够为村民提供诸如文化、体育、科技、生态环境保护等方面的服务，互助类社会组织能够为农村社区的边缘群体和特殊群体提供救助性质的服务。

三是村级党建引领社会组织具有边界性。村级党组织的领导力主要是指具有正向的、积极作用的影响力。这就意味着村级党组织党建引领社会组织功能的发挥，要排斥和打击对乡村社会具有消极影响的社会组织，这部分的社会组织主要是指农村的黑恶势力组织或群体。因此，村级党组织要加大对农村社会扫黑除恶的力度，消除黑恶势力组织或群体在乡村治理中的负面影响。

此外,村级党组织要完善精英建设乡村的平台和机制,积极主动培育新乡贤,充分发挥乡贤热心家乡公益事业、参与社会治理的职能。新乡贤主要是指具有良好的道德风尚、较多的社会阅历、较高能力素质的乡村精英。村级党组织通过搭建平台,吸引优秀基层干部、退休教师、企业家、道德模范和爱心人士回乡支援乡村振兴;唤醒大学生、外出的能人,甚至华人华侨的乡土情感,引导乡贤人才将他们的知识、资金、技术投入乡村建设中,为家乡发展做贡献。

三、完善村级党组织引领农村协商民主制度

乡村治理由原来的强调方式路径的"管理民主"转向强调结果质效的"治理有效",这将对村级党组织领导力的转向提出新的要求,尤其是强调村级党组织"导"的领导功能,强调村级党组织要采用"协商、民主"的柔性方式加以领导,中央通过完善以村级党组织为核心的农村协商民主制度,促进农村协商民主制度与村民自治制度之间的对接和协同,树立村级党组织领导的制度权威,促进乡村社会多元治理主体的共同行动。

一是在协商内容方面,完善村级党组织引领民生事务协商体系。协商民主制度的完善需要确定协商的内容。协商内容的确定是协商民主制度完善的首要环节,协商议题的确定有利于促成相关多元治理主体的行动,尤其是和村民利益息息相关的议题,能够调动村民参与协商的积极性。关于协商的范围,2015 年中共中央办公厅、国务院办公厅印发的《关于加强城乡社区协商的意见》指出:"涉及行政村公共事务和居民切身利益的事项,应当由村党组织、村民委员会牵头,组织利益相关方进行协商。"这条规定既明确了村级党组织在推进协商民主制度中的领导责任,也规定了村级党组织领导的协

商内容,主要是涉及村庄公共事务和居民切身利益的事项。目前,各地方在实践中,围绕村级重大事项和群众关心的议题展开协商,浙江和黑龙江大庆等地建立了村级党组织引领的协商议事清单制度,包括农村集体"三资"的管理使用和分配、村庄的环境整治、村庄的发展规划等。

二是协商程序方面,构建村级党组织领导的议事机制。在村级党组织引领的议事机制中要扮演好领导者和组织者的身份,营造良好的议事氛围,充分调动多元协商主体,即村委会、村务监督委员会、村集体经济组织、农村合作社组织、社会组织、乡贤理事会、村民代表,以及村民等相关协商主体的积极性,就村级党组织领导制定的协商议事展开积极的协商。村级党组织作为协商的领导者,负责搭建良好的议事平台,倡议参与者能够就协商议题展开积极的讨论,并及时汇集、搜集各方意见,形成民事民议的广泛多层的协商格局。

三是促进协商民主制度与村民自治制度的结合,将协商的结果纳入村民自治制度的民主决策环节当中。2019年《中国共产党农村基层组织工作条例》《关于加强和改进乡村治理的指导意见》和《中国共产党农村工作条例》均提出,村级重大决策实行"四议两公开"制度,其中四议是指村级党组织提议、村"两委"会议商议、党员大会审议、村民会议或村民代表大会审议;两公开是指决议公开、实施结果公开。这一规定使得村民自治制度的民主决策机制更加科学化、民主化。因此,要保证农村基层协商民主制度的有效运行,关键是要协商的结果进入民主决策的议题之中,建立协商民主制度与村民自治制度之间的相互关系,发挥协商民主制度的议事功能与村民自治制度的决策功能的对接。

四是完善村级党组织领导的反馈监督机制。完善村级党组织领导的村务监督委员会制度有利于实现对协商议事过程、民主决策过程和结果落实过程的监督和反馈。2017年中共中央办公厅、国务院办公厅下发的《关于建立健全村务监督委员会的指导意见》明确了村务监督委员会始终坚持村级党组织的领导核心地位不动摇，该意见除了指出村务监督委员会监督的范围，还进一步指出村务监督委员会具有监督村务决策程序是否按规定的程序进行，村务公开信息是否全面、真实有效的职责。这就在制度的层面上保障了村级党组织领导监督的权威性，有利于确保议事过程和决策过程的公开透明，增强村级各类组织和村民对村级党组织的信任度，增强村级各类组织和村民参与协商的积极性。

四、发挥乡村治理结构上下联动的作用

在新时代背景下，要充分发挥村级党组织在乡村治理体系中的领导核心作用，需要形成乡村治理结构的纵向层面合力。

一是加强党对农村工作的领导。党的十九大报告指出："党政军民学，东南西北中，党是领导一切的。"《中国共产党农村工作条例》指出："坚持党对农村工作的全面领导，确保党在农村工作中总揽全局、协调各方，保证农村改革发展沿着正确的方向前进。"加强党对农村工作的领导，要以加强党的组织领导作为保障，要健全中央统筹、省负总责、市县乡抓落实的领导体制，健全五级书记抓的领导责任制，发挥党的政治优势为领导优势。乡村振兴战略的系列政策有效推进在纵向层面需要经过中央—省—市—县—乡的冗长链条，要减少政策在纵向层面的偏离，需要上级党委的高位推动，将党的领导优势转为执行优势。政策执行过程中，中间各个层级的领导和推动都十分重要，领导重视有着极高的执行力。上级党委的领导力越强，下级党委贯彻政策的力度和执行政策的力度就会越强。所以要凝聚村级党组织的领导力，须注重不同层级党委组织领导功能的发挥，充分发挥农村工作领导小组的作用。

《中国共产党农村工作条例》指出："要在县以上设立农村工作领导小组，

省市级的小组组长由同级的党委副书记担任，县级农村工作领导小组由县委副书记担任，其成员都是由党委和政府有关负责人以及相关部门的主要责任人组成。"党的领导是通过一级一级的组织来实现的，这就意味着在同级组织中党的领导要具有权威性，并且领导小组成员将党政机构的主要负责人纳入其中，使得党的领导有党的机构负责和保障，这样既充分发挥了党的领导的协调功能，又避免了党的领导出现多头管理、扯皮的问题。加强党的领导，要严格执行向党中央的请示报告制度。在涉及重大问题、重大事项时按规定向组织请示报告，这是必须遵守的规矩，也是检验一名干部是否合格的重要参考。当前，少数领导干部认为请示报告是一种无能的表现，尤其是在"政绩观"的影响之下，只有当事情超出自己能力范围以及造成极为恶劣的影响无法掩盖的时候，才向组织请示报告，结果延误了处理事情的最佳时机。有的领导干部在落实请示报告制度的过程中存在侥幸心理，认为事前请示和事后请示一个样，经常报喜不报忧。事关群众利益问题无小事，领导干部应根据《中国共产党重大事项请示报告条例》，具有高度的政治纪律和政治规矩意识，真正将请示的程序、请示的内容落到实处，针对重大问题不请示的行为要予以问责，增强制度的执行力和威慑力。

二是转变乡镇党委政府的领导方式。乡镇党组织要改变传统单一的、强调自上而下的较为单向的领导方式。具体说来，一方面乡镇党委政府要明确自身的权力和责任体系，不能过多干预村治。随着村民自治的兴起，乡镇党委政府在农村社会中的功能不再是大包大揽的管控。《中华人民共和国村民委员会组织法》明确规定，乡镇政府和村委会是指导和被指导的关系。村级党组织与村民委员会是领导与被领导的关系。按照党章规定，乡镇党委与村级党组织是领导与被领导的关系。村级党组织正好弥补了这个真空，这就会导致乡镇党委通过加大对村级党组织的行政化干预进而影响村委会，间接干预村治的现象。因此，乡镇党委和政府要由管制型向简约型转变，意味着乡镇党委和政府在权责划分时真正做到赋予村级党组织和村民自治委员会相应的权力,并压实相应的责任,使得村级党组织和村民自治组织真正成为乡村社会治理的主体,担负应有的责任。乡镇党委和政府的作用发挥不再是依靠行政权力和行政命令,而是依靠规章制度,按照"权随责走、费随事转"的原则,依靠党管干部的原则,以及充分行使乡镇党委政府的上级监督权,不断调动和激发村级组织的自主性。另一方面要建立完善的反馈机制。乡镇党委和政府要多开展政策信息解读活动、政策精神传达活动,注重收集群众的反馈意见,征求村级党组织的意见建议,不断完善反馈机制,解决自上而下的政策信息不对称问题。乡镇党委政府通过加大不同层级间的交流,尤其是下级向上级的反馈,激发村级党组织的责任意识,缩小乡镇党委政府与村级党组织之间的信息鸿沟,促进上下协同。

三是发挥村民小组的作用。村级党组织的领导与村民自治之间具有密不可分的联系,为了使得村民自治更能切合农村社会基于血缘、地缘的熟人社会的关系,党的十八大以来的"一号文件"要求要突破以行政村为单元的基层民主自治。如 2014 年"一号文件"提出可以以村民小组为单位,展开村民自治的试点,这一规定在 2016 年连续两年的"一号文件"中得以完善。为了充分发挥村级党组织的领导核心作用,2018 年"一号文件"要求创新农村地区党组织的设置和活动方式,推动基层党组织设置重心的下移,以更好地领导村民自治。在乡村治理中,村级党组织要提升乡村治理的能力,需要充分发挥村民小组的作用。一方面加强对村民小组的管理,将责任压实到村民小组这一层级。村级党组织要将党支部下沉到村民小组一级,村民小组长要由群众中具有一定影响力的乡村精英和能人担任,适当提高村民小组长补贴,激发村民小组长工作的积极性。村级党组织要加强与村民小组之间的沟通,在村民小组一级设立村民自治委员会,将村民小组纳入村民委员会的结构体系中来,健全完善的责任体系和绩效考核体系,责任链条要延伸到村民小组长这一层级。另一方面要切实发挥村民小组服务群众的优势。治理单元的细化要求治理理念的彻底转变，要实现传统被动执行向积极作为的思想转变，要由"对上负责"向"对上负责与对下负责的相统一"的理念转变。村级党组织要注重发挥村民小组在主动服务群众、密切联系群众、收集群众意见建议方面的优势。村民小组要及时地向行政村村委会反映本自然村村民的意见和建议，并协助行政村村委会执行政策，在和村民直接打交道的过程中，村民小组要发挥属地优势，加强村干部和群众的沟通，增强村民对村干部的认可度和信任度。

四是充分发挥村民代表大会的作用。村民会议是村庄中的最高权力机构和最高决策机构，所涉及的人数较多，覆盖整个村庄十八周岁以上的村民，讨论并决定村庄的重大事项。但是在实际中，由于受到群众的流动性、分散性和村庄场地因素的限制，村民会议一般很少召开。为了使得村民委员会更具有群众代表性，村委会可以组织召开村民代表会议，代表村民行使自治权。根据《中华人民共和国村民委员会组织法》规定，村民代表会议可以由村委会召集，每季度召开一次。村民代表大会领导的村委会工作制度起源于河北省青县，即"党组织领导、村代会做主、村委会办事"的模式。这种模式充分体现了村民会议和村民代表会议的主体地位，是群众当家作主地位的保障。在这种模式之下，村民代表大会充分行使议事权和监督权，对村里的日常重大事项具有一定范围的监督权。为使村民代表大会充分行使议事权和监督权，需要做到：一方面确保村民代表的代表性。《中华人民共和国村民委员会组织法》规定村民代表应占村民代表会议组成人员的4/5以上，妇女代表应占2/3以上，并且村民代表由村民按每5户至15户推选1人。村级党组织要严格监督村委会按照《中华人民共和国村民委员会组织法》的规定确定村民代表的人数和结构，并且要对村民代表的广泛性进行民意调查，确保推选出来的村民代表真正代表户主的意愿。另一方面通过教育培育，提升村民代表的素质和能力。村级党组织应加强对村民代表的教育和培训,提升村民代表与群众沟通的技巧,提升村民代表运用现代信息技术的能力,广泛收集"不在村"村民的意见建议并进行整理和汇总。

第五节　加强村级党组织的自我领导以提升组织领导力

现代农村社会的基层治理需要强大的政党力量为支撑,以确保基层治理的有效性,使得政党拥有广泛性和合法性基础。村级党组织是实现乡村治理和落实乡村振兴战略的领导核心,村级党组织自身力量的强大是村级党组织实现对农村社会有效领导的保障。村级党组织要加强自我领导以壮大自身力量,进而提升村级党组织的组织领导力。

一、以党内团结统一打造强有力的领导组织

马克思、恩格斯认为,一个政党或社会群体是否具有与组织规模相应的力量,在很大程度上取决于该组织是否团结一致,是否具有强大的内聚力。[1]党的团结统一能使村级党组织的领导力量加倍。只有加强党的团结统一,党组织才更坚强有力,才更具战斗力。乡村振兴的时代任务艰巨,村级党组织要带领群众实现乡村振兴的目标,就要保持党内的团结统一。

(一)思想上的统一

加强农村党员思想建设,要求村级党组织要根据当前党员思想存在的问

---

① 王修智、岳增瑞主编:《马克思恩格斯列宁领导理论研究》,人民出版社,2008年,第182页。

题,调整思想教育的内容,这样才能真正做到有的放矢,达到党员思想上的统一。

具体而言,应从如下几个方面着力于思想建设:一是加强政治方向教育,树立坚定的理想信念。理想信念教育主要包括对马克思主义的信仰、共产主义理想信念、对共产党的信任和对于社会主义的信心。在进行农村党员的思想教育中,要尤为注重对党员理想信念的教育,要引导广大党员的多元价值取向,凝聚党员为实现共产主义理想信念而奋斗的共识。引导广大农村党员将共产主义的理想信念和个人的具体理想和工作联系起来,把个人理想和乡村振兴的战略目标联系起来,使得党员做到实现个人价值和社会价值的统一。

二是加强政党价值观教育,强化党性观念。党性是一个政党固有的本质特征,中国共产党的党性是工人阶级最深刻、最集中、最本质的反映。党员是党性的直接体现者,党员党性觉悟的高低直接影响村级党组织的性质和战斗力。"应该使每个同志明了,共产党人的一切言论行动,必须以合乎最广大人民群众的最大利益,为最广大人民群众所拥护为最高标准。"①这就要求广大农村党员要积极弘扬优的政党价值观,并用优的政党价值观规范自己的言行。新时代中国共产党人的价值观是"忠诚老实、公道正派、实事求是、清正廉洁",它将党所倡导的体现人民性的政治价值观、政治意识形态、政治责任、政治情感转化成了清晰明确的价值行为标准,覆盖了共产党员在执政理念、党性修养和反腐倡廉等方面的价值判断,有利于农村党员抵御封建的落后的政治价值观和资本主义鼓吹"普世"价值观的干扰与破坏。

(二)行为上的统一

针对改革开放以来管党治党存在宽、松、软的问题,新时代由制度建党向制度治党的转变,既强调要完善制度,规定农村党员干部能不能为的标准,

---

① 《毛泽东选集》(第三卷),人民出版社,1991年,第1096页。

又强调制度的执行,真正将制度落到实处。

一是要不断完善制度,增强制度的可操作性。习近平强调制度程序性和操作性的有机统一,并针对现行党内制度存在操作性不强的问题,对党内制度进行了修改和完善,使得党内制度朝着务实管用的方向迈进。村级党组织尤其要注重制度的实践体系,把监督执纪的"四种形态"融入制度的实践体系中,切实用可操作性强的纪律制度有效规范党员干部的行为。

二是落实经常性的教育活动,增强党员干部的纪律意识和制度意识。通过选树典型的正面教育与反面案例教育相结合的方式,运用激励、严管与说服教育的方式,破除人情文化、关系文化、面子文化的干扰,转变不按规则制度办事的心理,有效引导党员干部依规矩办事、依程序行事,自觉在制度治党的框架内解决问题,合理合法地开展工作。

三是健全制度的监督机制,树立制度的权威。科学有效的制度监督是纠正违反党内制度条例行为的手段。建立科学有效、覆盖面广的制度监督机制,对村级党组织和全体党员进行有效的监督,并将监督与问责相结合,提高制度的震慑效应,树立制度的权威。

四是严格党的组织生活制度。党的组织生活制度的有效落实能够实现党内政治生活规范化。党员干部在党内政治生活中要加强"日常修炼",营造健康有序的党组织关系,开展健康有序的政治生活,使党员的行为规范、党员与党员、党员与党组织、党组织与党组织之间形成健康良性的互动,在组织生活的熔炉中提高党员自我净化能力。

(三)组织上的统一

村级党组织必须坚持集体领导与个人分工相结合。刘少奇指出:"党的民主集中制与个人负责制是必须同时采用的。重要问题应该民主决定,但工作的执行则应个人负责。"①坚持集体领导和个人分工相结合的领导制度既能提高集体决策的有效性，又能使集体决策落到实处。集体领导制度的实施有利于推进党内决策的科学化、民主化进程，对防止党支部书记个人的专断独裁具有积极的作用。因为集体领导制度从党内权力的关系来看，是确认领导者个人的权力不能超过领导集体的权力。坚持集体领导与个人分工负责相结合应做到：

第一，应当理顺和摆正各级党组织的"一把手"与委员会之间的关系，保障党委委员之间的民主平等关系，防止党组织的"一把手"专断独裁。从村级党组织制度建设的过程来看，较为突出的是权力过于集中于书记个人身上的现象。为此，坚持集体领导必须坚持书记个人无权处理党内重大问题，党内重大问题必须交由集体讨论。在党委讨论的过程中，党支部书记不能搞"一言堂""家长制"，党支部书记不能压制民主，而要充分发扬集体讨论的原则，营造畅所欲言的氛围。在表决环节要防止个人专断，真正实现一人一票、少数服从多数的原则产生结果，并且党支部书记要认真考虑少数人的不同意见。

第二，集体领导制度要真正防止个人包办、独裁的现象，必须完善集体领导的程序化、实体化的制度建设，集体领导制度在具体的运作中要完善集体的工作规则、议事规则、表决规则，按照民主集中制、集体讨论、无记名投票的原则，明确领导集体和领导者个人之间的权限。

第三，实行严格的个人负责制。个人负责主要是对具体问题具体事务负责，是对决策的执行和实施结果负责。只有明确的个人负责制，才能防止出现借口集体领导而无人负责的危险现象。通过建立严格的个人责任追究制度，才能防止因责任不清而推诿扯皮的现象，真正将责任落到实处。

村级党组织应加强党内民主制度建设。党内民主制度是保障村级党组织高效运转的制度保障，是充分激发党员活力的关键。党内民主制度能够充分调动广大党员发挥主人翁的精神对党组织权力进行有效的监督。这种监

---

① 《刘少奇选集》（上卷），人民出版社，1981年，第67页。

督可以防止党支部书记因权力过于集中无人监督而形成个人专断独裁。村级党组织发展的历史表明,尤其是"文化大革命"的教训表明,没有实现充分民主基础上的集中,就很难将权力集中于领导集体而不是党支部书记个人。简而言之,没有充分的党内民主,在受封建文化影响较为深远的农村地区,很容易助长党支部书记家长制和个人专权的领导行为。因此,完善党的集体领导制度必须与完善党内民主制度同时推进,充分运用民主生活会、党员代表大会的平台,保障党员的选举权、知情权、投票权,为党的集体领导的有效运转提供良好的民主基础。具体应做到:一是加强党组织与党组织之间有效、良性的互动。即党中央在充分发挥基层党组织积极性和创造性的基础上,在充分运用民主集中制的基础上广泛地吸纳党内外的意见建议,健康有序地开展党组织生活。二是推进党内民主,尊重党员的平等权利,维护党组织的肌体健康。明确党内各层级组织与领导干部个人的权力边界,完善权力在阳光下运行的监督和制约机制,依据党章党规保障党员民主权利。

二、以加强农村基层干部队伍建设来打造强有力的领导队伍

农村基层干部队伍是农村社会发展的领导者,加强农村基层干部队伍建设,有利于树立党组织在农村社会中的公信力,提高党组织的领导权威。当前,切实加强农村干部队伍建设要聚焦乡村振兴战略的总要求,突出忠诚干部担当的标准,重点做好干部培育、选拔、管理、使用工作,建设一支担当富民兴农重任的高素质专业化的农村基层干部队伍。

(一)选优配强农村基层干部队伍

中国共产党历来重视选用德才兼备的干部,新时代组织路线提出的选用标准是"注重德才兼备、以德为先、任人唯贤"的选拔标准,乡村振兴战略

中明确指出要培养一支"懂农业、爱农村、爱农民"的农村基层干部队伍。提高农村基层干部的能力素质，应该重新注重完善农村基层干部的选拔培养机制，加强村级党组织的造血功能，强化农村干部乡村精英的地位。2018年提出的新时代组织路线指出要通过组织系统吸纳人才，通过村级党组织的平台，广泛吸纳乡村精英，增强组织队伍的战斗力。

第一，注重完善村干部的选拔机制。农村党组织应着力于选拔环节，选优配强党组织的带头人，充实党员和干部的后备队伍。在选拔环节，要选准突破口，立足农村内部，注重选拔受过教育的回乡青年；注重从本土中吸纳政治过硬、双带能力强的党员；注重选拔经受锻炼、有一技之长的退伍军人；注重选拔外出打工、积累资金回乡创业的青年。这部分群体是农村新的生产力的代表，将其作为一支生力军来培养，释放他们身上的能量，将有助于优化农村党员的结构。针对村民自治委员会的村干部的选拔环节，村级党组织要担负起领导村民进行民主选举的重任，着力解决村庄选举操作程序不规范的问题。在民主选举环节，村级党组织要加强与上级党委政府沟通，着力培育村民的民主选举意识，动员不在村的村民能够积极参与到选举中来，加大村民选举权的意识教育。村级党组织要善于监督民主选举的过程，防止选举过程受到人情、金钱、暴力的干扰，确保民主选举过程有秩序地进行。

第二，注重完善第一书记的选拔机制。《党政领导干部交流工作规定》第4条规定的干部交流对象包括其他需要交流的干部，意味着确定交流对象要关照干部交流需要。驻村干部、第一书记都属于干部交流制度的范畴。因此，根据此规定，干部交流制度的有效实施，应尊重交流干部的交流意愿，着眼于制度的科学规划，强化干部对制度的认同感。一方面，组织部门通过采取自下而上的方式广泛收集相关的交流信息，充分听取第一书记的心声，畅通第一书记沟通的渠道，建立完善的信息收集系统，通过官网公布交流干部、接收单位、交流岗位信息，让有意向的干部可以根据自身实际作出选择，给予干部选择的自由。另一方面组织部门要按需选才、精准定村,实现干部精准选派。干部选派要体现需求导向、基层点单、对口派送的原则,把部门职能、干部特点和任职村实际紧密联系起来,兼顾多方利益需求,实现供需对等。第一书记的确定要充分尊重干部的意愿和任职乡村的实际情况,坚持择优录用的原则,通过个人自荐、单位推荐、组织审核相结合的方式,注重选派年纪轻、能力强、发展潜力大的后备干部、中层骨干力量。

第三,完善大学生村官的选拔机制。在大学生村官的选拔环节主要在于做好大学生村官的招聘工作。在招聘环节,与公务员考试不同,大学生村官的考察应当把重点放在农村工作相关的内容,注重对大学生村官对农村相关工作环境、工作内容的了解程度及其对农村工作的胜任程度的考察。在笔试环节,与公务员招聘笔试内容不同,大学生村官的笔试题目更具有明确的指向性,即注重对农村的基础知识、党对农村工作的系列政策,以及村级党组织法律法规方面的考察和助力乡村振兴中农村经济社会发展模式的考察。在面试环节,合理设计面试题目,重点考察大学生村官服务农村的意识,选出愿意扎根农村,并对农村工作具有一定了解的优秀人才,确保选出的大学生村官具有较高的政治觉悟和业务素质,并且将大学生到农村的实习经历作为一项重要的考察指标。

(二)加强农村基层干部队伍的教育培训

党的十九大报告和2019年中央"一号文件"都对农村基层干部提出了高素质专业化与"一懂两爱"(即懂农业、爱农村、爱农民)的能力素质要求,这意味着乡村振兴战略对农村基层干部的质量要求会越来越高。因此,相关组织部门要根据乡村振兴战略和脱贫攻坚战略的相关任务,加大对农村基层干部队伍的教育培训力度。

第一,明确教育培训内容。根据党的十九大报告提出的农村基层党组织的职责要求,明确教育培训的内容体系,着力提升农村基层干部落实党的路线方针政策的能力、宣传党的主张的能力、服务农村群众的能力、推动经济发展的能力、提升社会治理的能力、加强村级党组织自身建设的能力及增强农村基层干部履职尽责的能力。按照"缺什么,补什么"的原则,针对农村基层干部能力提升设置系列课程。推进农村基层干部队伍的能力提升工程,紧扣乡村振兴战略和脱贫攻坚战略要求,对产业发展、乡村美学、村庄规划设计、农村政策内容、农业技术发展、市场经济知识等开展教育培训,增强农村基层干部应对市场经济、带领群众脱贫致富的能力。围绕基层治理的难点、热点、焦点问题,开展关于农村信访工作、维稳工作、群众工作、党风廉政工作方面的培训,开展群众关心的土地流转、征地拆迁方面相关政策内容的培训,提高农村基层干部应对农村复杂问题的能力。要不断加大农村基层干部现代化治理能力的培训,鼓励农村基层干部灵活运用现代化的信息治理方式,适应乡村治理体系民主化、法制化、现代化的发展需求,有针对性地提升村干部的现代治理的专业能力。此外,相关部门要加强农村基层干部信息化技能提升培训,引导干部充分利用大数据的平台,提升对数据信息的收集、分析和利用的能力,借助大数据平台更好地掌握民情、民意,提高运用信息技术与群众沟通交流的能力。

第二,要将农村基层干部教育培训纳入县级党校干部教育培训计划中,确保农村基层干部教育培训的系统性和连续性。相关部门应针对农村基层干部队伍专门开发系列能力提升课程,对农村基层干部组织一次较为全面系统的培训,分层分类实施。县级每年至少组织一次村干部集中培训和重点村、贫困村的村干部专门培训。县级组织部门应积极推荐优秀的村干部和年轻干部参加市级以上的培训学习。此外,针对村干部队伍学历偏低的现象,县级组织部门要积极与电大和高校开展学历教育合作,提升村干部队伍的整体文化素质。

第三，组织部门要加强专题教育，提升第一书记的综合能力。为了使第一书记能够迅速进入角色，真正做到适应农村、熟悉基层、融入群众、获得身份认同，组织部门要根据第一书记的时间路线图分阶段开展专题辅导，采取远程教育"每周一课""干部交流论坛"、定期考察等形式，帮助其及时掌握政策、分享经验、拓展路子、比比干劲，营造良好的氛围。派出单位要筑牢第一书记的坚强后盾，建立与接收地村级党组织的通力合作，帮助第一书记度过身份适应期，派出单位的领导班子成员积极与第一书记沟通、交流，并积极提供政策、资金、资源等全方位支持，缓解干部的心理压力。此外，要形成在党委的统一领导下，组织部门牵头推进、派出单位后盾支撑、涉农部门政策倾斜、政策往农村送，形成激活农村涉农资源优化整合的酵母效应，强化第一书记的力量，逐步形成单位之间相互合作的良性机制。村级党组织通过落实帮带制度，帮助大学生村官尽快熟悉农村工作和群众工作的方式方法，帮助其补齐实践经验不足的短板，要注重发挥大学生村官专业、能力优势，促进其健康成长。总之，村级党组织要想尽办法帮助第一书记和大学生村官融入组织、融入乡村，既要帮助其得到组织的认可，更重要的是要帮助其直接从群众那里获得认可。

（三）突出对农村基层干部的人文关怀

习近平指出："对广大基层干部充分理解、充分信任，格外关心、格外爱护，多为他们办一些雪中送炭的事情。"[①]相关部门要用真心情感对待农村基层干部，多给予基层干部关心、理解、支持，多体谅基层干部做群众工作的不易，用情感去感化基层干部，不能让基层干部流汗又流泪，用真心真情留住基层干部的心。

---

① 中共中央文献研究室编：《十八大以来重要文献选编》（上），中央文献出版社，2014 年，第352 页。

第一，重视基层干部的工作。重视基层干部的工作不能停留在文件中，停留在口头上，而要落实到实实在在的行动中，针对基层干部提出来的工作难题，要及时回应。针对基层干部的付出，要有真心实意的认可，鼓励基层干部扎扎实实干好工作。

第二，尊重基层干部的身份。基层干部与机关干部虽然在级别上有差别，村干部的身份虽然既不是农民也不是公职人员，但是在乡村振兴和脱贫攻坚的战场上，在人格尊严和做群众工作的事情上，不存在身份的区别。因此，上级部门去指导工作时，要用平等的姿态与基层干部交流，尊重基层干部的身份。

第三，理解农村基层干部的工作。农村基层干部在农村中的治理任务、执行任务非常繁重，既要贯彻落实党和国家的各项方针政策，及时、有效地解决群众之间的利益矛盾、纠纷，及时反映群众的意见、建议和诉求，还要面对名目繁多的各种检查、考核。因此，在千头万绪的农村工作中，上级党委政府要及时指导基层干部抓主要任务和工作。针对他们工作中出现的一些失误或者是没有做到位的工作要给予理解，并帮助其纠正。对于第一书记和大学生村官出现的一些解决群众问题能力不足的现象要给予必要的理解和宽容，积极帮助他们提升群众工作的能力。

第四，给予农村基层干部多一些指导。村干部由于自身能力和学历不高，在面对乡村复杂问题时难免会出现能力不足的现象，村干部在带领群众实现乡村振兴和脱贫致富的过程中，迫切需要上级部门给予多一些落实政策的指导和帮助，上级部门应及时关注村干部推动工作发展的情况，并及时为村干部提供必要的指导和帮助。

第五，给予农村基层干部多一些支持，少一些推诿。当前，农村工作比较复杂，乡村振兴涉及经济、生态、文化、人才、组织五大振兴。在城乡二元结构下，有些农村基础差、底子薄，尤其是一些介于贫困村与示范村之间的村庄，他们的乡村发展缺政策、缺资金,无形中加大了基层干部带领群众脱贫致富的难度。上级党委应给予这部分村庄一些政策支持和资金支持,为农村基层干部干事创业提供外部支持。

(四)激发农村基层干部干事创业的热情

从党的建设史来看,乡村社会的持续和谐稳定,需要大批有共产主义理想信念、有扎根农村情怀的经验丰富和能力强的干部。但是现在的问题是我们虽然人很多,但愿意下乡的干部、愿意扎根农村的干部不多。组织部门应通过建立多样化、吸引力强的激励保障制度,全面激发干部到农村干事创业的成就感,建立一支下得去、留得住的农村基层干部队伍。

一是平衡岗位差异,在经济上给待遇。对于村"两委"干部,要在经济上激发村"两委"干部干事创业的动力,要将村"两委"干部工资待遇纳入县乡两级保障,尽量做到工资不低于当地的平均工资,并且根据村集体经济的实际,探索村"两委"干部与村集体收入相挂钩的奖励机制。对于第一书记,政府通过设立差异化的农村基层干部专项资金,专项资金主要用于农村基层干部补贴的发放,改变农村基层干部经济待遇低的现状,发放的原则不能一刀切,发放的标准依据农村的地理位置、工作环境、交通条件以及生活条件等因素实行差异化的标准。此外,专项资金还可用于农村基层干部由于工作变动产生的迁居成本、交通成本和通信成本。

二是在生活上给予保障,解决干部后顾之忧。习近平指出:"对基层干部工作中、生活上出现的困难,要设身处地地加以理解,满腔热情地给予支持,扎实有效地进行帮助,特别要敢于为基层干部担责任,关注基层干部的身心健康。"[①]对于村干部除了在经济上保证村"两委"干部合理的经济待遇之外,

---

① 习近平:《之江新语》,浙江人民出版社,2007 年,第112页。

还要在生活上给予保障,如针对在职的村干部,为其缴纳一定的社会养老保险,对于离职的村干部,给予一定的生活补贴。针对第一书记,要充分结合农村基层干部的实际,尽可能地为干部提供良好的居住环境,毕竟安居才能乐业。在不违反政策的前提下,帮助干部解决配偶工作、子女入学、房子问题等,解决干部的后顾之忧。

三是在事业上给予发展,完善评价体系。对于村干部,要在政治上给予发展,针对工作实际突出、年轻有为、能力强的村干部进行表彰,增强他们的政治荣誉感;积极推进村支部书记担任"两代表一委员",增强他们的政治素质、政治责任感和参政议政能力;积极拓宽村干部的发展空间,适当放宽村干部在公务员、事业编制考试中的年龄条件并增加招录名额,拓展村干部的上升渠道,激发他们的积极性。对于第一书记,坚持群众导向客观、公正、科学的评价标准,突出对不同类型、不同岗位制定差异化的动态考核标准,制定更为合理、科学的评价标准的衔接细节,让农村基层干部的工作履历变成经历。如在职务晋升、考核评优的过程中突出对农村基层干部履职情况、团队建设情况、群众基础、工作表现等方面的考核。同时,要采用灵活的人性化的评价方案,给予干部一定的适应期,尽可能做到赏罚分明,让作风好、业务精、敢于担当作为、敢于啃硬骨头的好干部看到希望,营造良好的干部干事创业氛围和风清气正的和谐氛围,激发干部去农村做贡献的干事创业的热情和激情。

三、以加强党员队伍建设来保持普通党员的先进性

"对于政党来说,其活力首先来自党员,其次才来自党的基层组织,如果党员本身在整体上无法给政党带来活力,那么党的实际功效就会受到影响。"[1]

---

[1]　林尚立:《中国共产党与国家建设》,天津人民出版社,2009年,第50页。

所以提升村级党组织的组织领导力要加强党员队伍建设，提升党员队伍的能力素质，发挥党员的先锋模范作用，增强村级党组织的活力。

（一）提高党员队伍建设质量

一是提高党员队伍建设的质量，首先在于把好入口关，优化党员队伍的数量和结构。综观中国共产党的建设史，历来都注重强调共产党员是无产阶级中的先进分子，并注重将最有觉悟、最先进的分子吸收进党内。同理，在乡村振兴背景下，农村党员老化现象严重，农村党员队伍的数量不足，即便这样，村级党组织也不应出现为完成上级指标任务而发展党员、发展党员注重数量不注重党员的觉悟的现象。村级党组织要把好党员的入口关，做到发展党员的规范化，做好对预备期党员的考察工作。村级党组织既要注重将村庄中的"经济能人""致富能手""小老板"吸收到党内，又要注重对其政治觉悟方面的考察。村级党组织要注重将村庄中的年纪轻、文化高、能力强的中青年发展成为党员，优化党员队伍的年龄结构。此外，针对长期不参加党内政治生活、群众意见比较大的、不能够自觉履行党员义务的党员，村级党组织要进行批评教育并责令其改正，对于批评教育后仍不能改正的，党组织要做好处置工作，劝其退党，以纯洁党员队伍。

二是提高党员队伍建设的质量，应落实到党员的教育培训上。在党员的教育培训过程中，要改变较为单一的传统培训方式，充分利用互联网平台，提高农村党员教育培训的实效性和针对性。大数据时代，互联网和移动终端设备为农村党员创造教育培训的新平台，完善教育培训形式多样化机制要做到：

第一，完善线下与线上教育相结合制度。通过采取线上教育+课堂教学、线上教育+案例教学，甚至是线上教育+现场教学相结合的方式，使得教学的方式方法更加灵活多样，增强培训的吸引力，有针对性地提升党员的技能。

如通过手机课堂、微信公众号等,以文字、图片、动漫、短片、视频等多种呈现方式给予农村党员感性认识,激发党员的兴趣。

第二,制定个性化的学习方案。将党员的个人信息、学习地点、青睐的学习方式做差异性的记录和分析,在此基础上定制个性化的培训内容和培训方式。尤其是针对不同的党员类型展开有针对性的培训方案,如老党员注重精神觉悟和协调技能的培训,贫困党员注重致富技能和现代科技的培训。通过论坛、兴趣小组、微信群等方式实现党员之间的广泛化互动,以期通过培训让不同的党员在农村社会中找到发光发热的舞台。在党员教育的过程中,要注重结合党内关怀机制,给予党员必要的组织关心和支持,尤其是针对困难党员、能力不足的党员以及老党员给予党组织的温暖和关怀。

(二)发挥党员的先锋模范作用

只有充分发挥广大普通党员的先锋模范作用,村级党组织才能真正成为有力量的组织,才能具有战斗力。村级党组织可以通过搭建有效的平台,发挥党员的示范带动作用。

一是加强职业技能培训,发挥党员在带领群众致富方面的先锋模范作用。在脱贫攻坚战略背景下,理论上带领群众共同富裕是农村党员干部应尽的责任和义务。"在勤劳致富过程中,农村党员要发扬顾全大局、诚实守信、互助友爱和扶贫济困的精神,主动扶持和帮助他人,特别是要帮助贫困户、困难户致富,……向他们传授致富技术和经验,提供信息和必要的资金帮助。"[①]要发挥党员在带领群众致富方面的先锋模范作用,村级党组织要善于培育党员带头致富和带领群众致富的"双带"能力,通过组织党员开展职业技能培训,提升带头致富的能力。在此基础上通过党群机制,发挥党员一人

---

① 乔明甫、翟泰丰主编:《中国共产党建设大辞典》,四川人民出版社,1991年,第497页。

带一户、一户带一片、一片带一村的示范效应。比如胡陈乡在开展精准扶贫工作中,村民陈克锋原来是个低保户,在党员冯文春的结对帮扶下,承包了30亩地种植水蜜桃,如今不仅退出了低保,而且每年收入达到近20万元。

二是实施目标分类管理,发挥党员在服务群众工作中的先锋模范作用。村级党组织要调动全体党员发挥先锋模范作用,就要从农村的实际和农村党员的实际出发,按照分类管理的原则,实行目标责任制度。村级党组织在设定目标的过程中,要做到因人而异,实施差异化的目标管理。具体说来,村级党组织要客观分析党员的能力、素质、岗位情况,深入了解党员意愿,结合中心工作制定出不同党员的工作目标。如针对担任党内一定职务的党员,其目标设定要更为全面,要引导他们设立带领群众致富,推动乡村经济建设、文化发展、生态建设的综合目标,引导他们做好乡村经济发展的引路人,群众脱贫致富的能耐人;对于离退休回村的党员干部,要引导他们当好村支部的好帮手,引导他们热心乡村公共事务,发挥他们在乡村治理中的先锋模范作用。对于青壮年党员,要突出其优势,培养他们的综合能力素质,提升他们带头致富和带领群众致富的"双带"能力,引导他们成为村庄争先创优的先锋模范;对于流动党员,激发他们爱家乡的情怀,做好先进信息的传递者,助力乡村振兴;对于老党员,要激励他们老有所为,成为党务和村务的宣传员、监督员以及协商员;对于贫困党员,要引导他们艰苦奋斗、提升技能,成为脱贫致富的示范人。

结　语

　　党的领导是中国特色社会主义制度最大的政治优势，党对农村工作的领导作用的发挥通过强化村级党组织的领导地位来实现。党的十九大报告和 2018 年中央"一号文件"也分别对村级党组织领导力建设提出了具体要求，强调"要以提升组织力为重点，突出政治功能"，"要强化农村基层党组织的领导核心地位，持续整顿软弱涣散的村党组织"。新时代背景下，加强村级党组织领导力建设被提到了一个新的高度。村级党组织的领导力建设直接关系着党在农村中的领导地位，关乎乡村治理体系现代化的发展和乡村振兴战略的实现。村级党组织的领导力建设是一个比较宏大的课题，本书从村级党组织领导力的概念出发，形成村级党组织领导力构成的五要素及作用机理。

　　一是村级党组织领导力是由政治领导力、思想引领力、群众组织力、社会号召力、组织领导力相互作用形成的系统合力。政治领导力在村级党组织领导力建设中起到一个统领的作用，是村级党组织领导力建设最本质的特征。思想引领力是村级党组织领导力建设的灵魂，它能为乡村社会确立一个社会主义核心价值体系，增强社会的凝聚力。群众组织力是村级党组织领导力建设的重点，将广大群众组织起来，村级党组织的领导力才能具有深厚的群众基础。社会号召力是村级党组织领导力建设的体现，社会号召力使村级党组织充分发挥在乡村治理体系中的领导核心作用，实现了乡村社会多元治理力量的合作，体现了较为高超的领导能力和领导艺术。组织领导力是村级党组织的自我领导力，包括党员个体的领导力、带头人队伍的团队领导力以及组织领导力，是村级党组织能够具有强大领导力的基础。

二是村级党组织领导力建设要不断变革、与时俱进。在中国革命、建设和改革的历史进程中，中国共产党尤为注重村级党组织领导功能的发挥。建党以来，村级党组织领导力建设经历了新民主主义革命时期的形成期、社会主义革命建设时期的加强期、改革开放后的持续发展期。在这段历史进程中可以看到村级党组织领导力的建设并非一劳永逸，由于不同历史时期村级党组织领导力建设的要素总是处于变动之中，领导力需要不断地随着领导力影响因素的变化而加以提升。改革开放以来，村级党组织领导力建设经历了改革发展、初步发展、巩固完善、全面提升的历史演进过程。党的十八大以来，随着村级党组织领导力建设进入全面提升阶段，村级党组织领导力建设的探索也逐步成熟。

三是村级党组织领导力建设要始终建立在群众的支持与拥护的基础之上。村级党组织推动乡村社会发展离不开广大人民群众的支持。这个基本规律是在村级党组织领导力建设的历史过程中被实践证明了的较为正确的系统性认识。党的十八大以来，村级党组织通过全面提升政治领导力、思想引领力、群众组织力、社会号召力以及组织领导力，塑造了为民、务实、清廉的组织形象，锻造了忠诚、干净、担当的干部队伍，促进了大部分困难群众脱贫致富，促进了乡村社会面貌的极大改善，增强了群众对党组织的认同，赢得了群众对党组织的衷心拥护与支持。

四是村级党组织领导力建设的成效表明，大部分村级党组织都能在推进农村社会改革、决战决胜脱贫攻坚、推动乡村振兴的过程中发挥领导核心作用，群众对村级党组织的认同度也在逐渐提升。但部分村级党组织领导力建设仍存在不足,表现为政治领导力不够突出、思想引领力发挥不够、群众组织力仍需提升、社会号召力较为薄弱的现象。造成部分村级党组织领导力不强的原因如下:部分村级党组织的自身建设不足、部分村党员干部队伍建设不足、少数群众的道德素质水平较低、乡村多元治理主体的互动不足、部分村集体经济发展不够优化。村级党组织要突破能力的"短板",应坚持问题导向,紧紧围绕乡村振兴战略目标,从加强村级党组织领导力建设的政治领导力、思想引领力、群众组织力、社会号召力、组织领导力突破制约瓶颈,实现领导力的全面提升和持续发展。

　　村级党组织领导力建设是一个理论性和实践性都很强的课题,虽然本书从总体上已经初步勾勒出村级党组织领导力建设的逻辑框架和评价标准,但是由于自身能力和客观因素的限制,本书仍存在不足之处。宏观性的论述较多,实证性研究不足,尤其是数据来源较少,缺少深入的个案调研;理论阐述的精准性不够,概括语言的精准性有待提高,在以后的研究中仍然需要进一步深入,继续挖掘典型案例,提出更有针对性的方法和措施。

参考文献

一、文献资料类

1.《马克思恩格斯全集》(第 20 卷),人民出版社,1971 年。

2.《马克思恩格斯选集》(第一卷),人民出版社,2012 年。

3.《马克思恩格斯选集》(第二卷),人民出版社,2012 年。

4.《马克思恩格斯选集》(第三卷),人民出版社,2012 年。

5.《马克思恩格斯选集》(第四卷),人民出版社,2012 年。

6.《陈云文选》(第一卷),人民出版社,1995 年。

7.《邓小平文选》(第一卷),人民出版社,1994 年。

8.《邓小平文选》(第二卷),人民出版社,1994 年。

9.《邓小平文选》(第三卷),人民出版社,1993 年。

10.《建国以来重要文献选编》(第 1 册),中央文献出版社,1992 年。

11.《建国以来重要文献选编》(第 7 册),中央文献出版社,1993 年。

12.《建国以来重要文献选编》(第 15 册),中央文献出版社,1997 年。

13.《列宁全集》(第 12 卷),人民出版社,1987 年。

14.《列宁全集》(第 16 卷),人民出版社,1985 年。

15.《列宁全集》（第 39 卷），人民出版社，1986 年。

16.《列宁全集》（第 42 卷），人民出版社，1987 年。

17.《列宁选集》（第四卷），人民出版社，1995 年。

18.《刘少奇选集》（上卷），人民出版社，1981 年。

19.《毛泽东文集》（第二卷），人民出版社，1993 年。

20.《毛泽东文集》（第五卷），人民出版社，1996 年。

21.《毛泽东选集》（第一卷），人民出版社，1991 年。

22.《毛泽东选集》（第二卷），人民出版社，1991 年。

23.《毛泽东选集》（第三卷），人民出版社，1991 年。

24.《毛泽东选集》（第四卷），人民出版社，1991 年。

25.《中共中央文件选集》（12 册），中共中央党校出版社，1991 年。

26.《中国共产党农村基层组织工作条例》，法律出版社，2019 年。

27.《中国共产党组织史资料》（第 9 卷），中共党史出版社，2000 年。

28.《中华人民共和国村民委员会组织法》，法律出版社，2010 年。

29.习近平：《决胜全面建成小康社会　夺取新时代中国特色社会主义伟大胜利——在中国共产党第十九次全国代表大会上的报告》，人民出版社，2017 年。

30.《习近平谈治国理政》，外文出版社，2014 年。

31.《习近平谈治国理政》（第二卷），外文出版社，2017 年。

32.中共中央宣传部：《习近平总书记系列重要讲话读本》，学习出版社、人民出版社，2014 年。

二、著作类

1.毕思文、俞纪化、杨东红编著：《系统政治学》，人民出版社，2001 年。

2.程瑞山、贾建友:《村民自治制度运行研究》,中国社会科学出版社,2013年。

3.[美]大卫·V.戴、约翰·安东纳基斯编:《领导力的本质》,林崇、徐中译,北京大学出版社,2015年。

4.[美]戴维·伊斯顿:《政治生活的系统分析》,王浦劬等译,华夏出版社,1999年。

5.戴玉琴:《改革开放以来农村民主政治发展论纲》,社会科学文献出版社,2012年。

6.[美]杜赞奇:《文化、权力与国家:1900—1942年的华北农村》,王福明译,江苏人民出版社,2010年。

7.费孝通:《乡土中国》,北京大学出版社,2012年。

8.[美]弗里曼、毕克伟、赛尔登:《中国乡村,社会主义国家》,陶鹤山译,社会科学文献出版社,2002年。

9.贺雪峰:《新乡土中国》,北京大学出版社,2013年。

10.贺雪峰:《组织起来:取消农业税后农村基层组织建设研究》,山东人民出版社,2012年。

11.胡乔木:《胡乔木回忆毛泽东》,人民出版社,1994年。

12.黄宗智:《华北的小农经济与社会变迁》,浙江人民出版社,2010年。

13.[美]加布里埃尔·A.阿尔蒙德、小G.宾姆·鲍威尔:《比较政治学:体系、过程和政策》,曹沛林等译,上海译文出版社,1987年。

14.[美]加里·尤克尔:《组织领导学》,丰俊功译,中国人民大学出版社,2015年。

15.景跃进:《当代中国农村"两委关系"的微观解析与宏观透视》,中央文献出版社,2004年。

16.李新水:《"三农"策论》,湖北人民出版社,2013年。

17.林尚立:《中国共产党与国家建设》,天津人民出版社,2009 年。

18.刘炳香:《党的执政能力建设与测评》,中共中央党校出版社,2004 年。

19.刘炳香:《中国共产党领导思想的由来与发展》,党建读物出版社,1998 年。

20.刘峰:《领导科学与领导艺术》,高等教育出版社、北京大学出版社,2014 年。

21.刘峰:《新领导观》,北京大学出版社,2005 年。

22.刘建军编著:《领导学原理》,复旦大学出版社,2014 年。

23.卢先福、龚永爱主编:《农村基层党建历程》,湖南师范大学出版社,2011 年。

24.吕德文:《乡村社会的治理》,山东人民出版社,2013 年。

25.[美]迈克尔·罗斯金等:《政治科学》,林震等译,华夏出版社,2001 年。

26.[希腊]尼科斯·波朗查斯:《政治权力与社会阶级》,叶林、王宏周、马清文译,中国社会科学出版社,1982 年。

27.乔明甫、翟泰丰主编:《中国共产党建设大辞典》,四川人民出版社,1991 年。

28.邱春林:《中国共产党农村治理能力现代化研究》,山东人民出版社,2017 年。

29.[美]塞缪尔·P.亨廷顿:《变化社会中的政治秩序》,王冠华、刘为等译,生活·读书·新知三联书店,1989 年。

30.施雪华主编:《政治科学原理》,中山大学出版社,2001 年。

31.苏国勋:《理性化及其限制——韦伯思想引论》,上海人民出版社,1988 年。

32.陶学荣、陶叡:《走向乡村善治——乡村治理中的博弈分析》,中国社会科学出版社,2011 年。

33.王炳林等:《市场经济条件下党的基础组织建设研究》,人民出版社,2008 年。

34.文茂伟:《当代英美组织领导力发展:理论与实践》,浙江大学出版社,2011 年。

35.吴毅:《村治变迁中的权威与秩序:20 世纪川东双村的表达》,中国社会科学出版社,2002 年。

36.肖纯柏:《农村基层党组织功能实现途径研究》,人民出版社,2011 年。

37.徐勇:《中国农村村民自治》,华中师范大学出版社,1997 年。

38.姚敏瑞、汪青松、易凤兰:《乡村治理中的村级党组织领导》,中国社会科学出版社,2004 年。

39.易鹏:《中国新路——新型城镇化路径》,西南财经大学出版社,2014 年。

40.[美]约翰·加德纳:《论领导力》,李养龙译,中信出版社,2007 年。

41.张明楚主编:《中国共产党基层组织建设史》,福建人民出版社,2008 年。

42.张志明:《从民主新路到依法治国》,江西高校出版社,2000 年。

43.赵莉琴主编:《组织行为学理论与案例》,中国铁道出版社,2011 年。

44.郑永廷主编:《思想政治教育学原理》,高等教育出版社,2016 年。

45.中国革命博物馆:《中国共产党党章汇编》,人民出版社,1979 年。

46.周挺:《乡村治理与农村基层党组织建设》,知识产权出版社,2013 年。

三、期刊类

1.胡锦涛:《全面贯彻"三个代表"重要思想进一步加强和改进农村基层组织建设》,《党建研究》,2002 年第 8 期。

2.胡锦涛:《全面贯彻落实十四届四中全会精神把农村基层组织建设提高到新水平》,《党建研究》,1995 年第 1 期。

3.习近平:《全面贯彻落实党的十八大精神要突出抓好六个方面工作》,《求是》,2013 年第 1 期。

4.习近平:《使社会主义核心价值观的影响像空气一样无所不在》,《党史纵横》,2014 年第 3 期。

5.习近平:《始终坚持和充分发挥党的独特优势》,《求是》,2012 年第 15 期。

6.《党心民心极大提振——2016 年全国党风廉政建设民意调查报告》,《中国纪检监察》,2017 年第 1 期。

7.《全面推进 重点突破 加快实现农业现代化——农业部部长韩长赋就〈全国农业现代化规划(2016—2020 年)〉发布答记者问》,《农村工作通讯》,2016 年第 21 期。

8.《正风反腐深得党心民心——2015 年全国党风廉政建设民意调查数据分析》,《中国纪检监察》,2016 年第 1 期。

9.《中共中央关于加强党的政治建设的意见》,《前进》,2019 年第 3 期。

10.《中共中央关于加强党的政治建设的意见》,《社会主义论坛》,2019 年第 3 期。

11.《中共中央关于进一步加强农业和农村工作的决定》,《党的建设》,1992 年第 2 期。

12.蔡志强:《党的纪律建设与政德建设的理论与实践逻辑》,《中共福建省委党校学报》,2019 年第 4 期。

13.曹海军、曹志立:《新时代村级党建引领乡村治理的实践逻辑》,《探索》,2020 年第 1 期。

14.陈家喜、刘王裔:《我国农村空心化的生成形态与治理路径》,《中州学刊》,2012 年第 5 期。

15.陈李勇、刘辉:《新时期农村发展党员问题的调查与思考》,《经济研究导刊》,2015 年第 1 期。

16.陈善友:《乡村振兴背景下强化村党组织功能的若干路径——基于湖北 W 村的调查》,《中州学刊》,2019 年第 2 期。

17.程靖淋:《新时代党的建设要以纪律强党》,《领导科学论坛》,2018 年第 9 期。

18.冯秋婷:《全面锻造新时代强大领导力》,《行政管理改革》,2017 年第 1 期。

19.冯秋婷:《新时代中国共产领导力专题研究》,《中国井冈山干部学院学报》,2019 年第 3 期。

20.高鸣、芦千文:《中国农村集体经济:70 年发展历程与启示》,《中国农村经济》,2019 年第 10 期。

21.高兴国:《领导力概念辨析》,《生产力研究》,2012 年第 11 期。

22.谷玉辉、朱哲:《中国农村协商民主制度体系建构路径探析》,《南京政治学院学报》,2017 年第 6 期。

23.郭庆松:《新时代党的领导力提升》,《中国领导科学》,2018 年第 4 期。

24.郭岩:《农村基层党组织政治领导力提升的逻辑进路》,《中共杭州市委党校学报》,2019 年第 4 期。

25.郭雨佳、张等文:《农村协商民主制度化发展的现实形态和优化路径》,《求实》,2020 年第 1 期。

26.贺东航:《脱贫攻坚中帮扶对象存在的问题与对策》,《人民论坛》,2020 年第 2 期。

27.贺雪峰:《基层治理要直面矛盾》,《决策》,2015 年第 1 期。

28.贺雪峰:《农民价值观的类型及相互关系——对当前中国农村严重伦理危机的讨论》,《开放时代》,2008 年第 3 期。

29.贺雪峰:《乡村建设中提高农民组织化程度的思考》,《探索》,2017 年第 2 期。

30.胡月星:《中国共产党领导力发展的历史过程》,《中国领导科学》,2019 年第 5 期。

31.胡宗仁:《重在研究中国共产党的组织领导力》,《中国领导科学》,2018 年第 2 期。

32.霍军亮、吴春梅:《乡村振兴战略背景下农村基层党组织建设的困境与出路》,《华中农业大学学报》(社会科学版),2018 年第 3 期。

33.季婵燕:《村级党组织与农民专业合作社关系的调查与分析——以浙西农村为个案》,《陕西行政学院学报》,2011 年第 3 期。

34.冀名峰:《加强农村基层党的建设 为乡村振兴注入强大组织力》,《社会治理》,2018 年第 5 期。

35.姜宝山、马奉延、孟迪:《乡村振兴视角下辽宁村集体经济建设发展的思考》,《农业经济》,2019 年第 12 期。

36.李君如:《中国共产党全面领导视阈下的领导力》,《中国领导科学》,2018 年第 4 期。

37.李明、毛军权:《领导力研究的理论评述》,《上海行政学院学报》,2015 年第 6 期。

38.李松有:《群众参与视角下中国农村村民自治基本单元的选择》,《东南学术》,2017 年第 6 期。

39.李毅弘、杨雅涵:《新时代村级党组织组织力的生成:理论探析与现实观照》,《探索》,2019 年第 4 期。

40.刘炳香:《如何抓好政治建设这个党的根本性建设》,《中国党政干部论坛》,2018 年第 7 期。

41.刘辉、梁义成:《西部农村村干部胜任力的实证分析——基于 4 县155 位村干部的调查数据》,《西北人口》,2012 年第 2 期。

42.刘渊:《西部农村党组织组织力建设的内涵解析、现实反思与实践进路》，《探索》，2019 年第 6 期。

43.龙观华：《农村基层党组织影响力弱化现象探讨》，《马克思主义与现实》，2009 年第 2 期。

44.彭小霞：《农村扶贫中村干部的腐败问题及其法治化治理》，《兰州学刊》，2019 年第 1 期。

45.秦其文：《农民思想道德素质与农户家庭脱贫致富的关系研究》，《财贸研究》，2008 年第 2 期。

46.邱霈恩：《领导力：致胜新世纪的关键力量》，《领导科学》，2002 年第 3 期。

47.全国人民代表大会农业与农村委员会：《乡村振兴战略实施情况的调查与思考》，《中国合作经济》，2019 年第 2 期。

48.任洁：《高度警惕脱贫攻坚主角错位》，《人民论坛》，2020 年第 2 期。

49.苏令银：《反功利主义：一种值得重视的伦理思潮》，《天津大学学报》（社会科学版），2002 年第 1 期。

50.孙秀林：《华南的村治与宗族—— 一个功能主义的分析路径》，《社会学研究》，2011 年第 1 期。

51.唐鸣、张昆：《论农村村级组织负责人党政"一肩挑"》，《当代世界社会主义问题》，2015 年第 1 期。

52.田燕飞：《论政治"灌输"的必要性与运用策略》，《理论月刊》，2011 年第 3 期。

53.仝志辉、温铁军：《资本和部门下乡与小农经济的组织化道路——兼对专业合作社道路提出质疑》，《开放时代》，2009 年第 4 期。

54.王同昌：《新时代农村基层党组织振兴研究》，《中州学刊》，2019 年第 4 期。

55.王久高：《农村宗族家族势力的复活对村级党组织建设的影响及其消解》，《探索》，2004 年第 4 期。

56.王玉杰:《浅谈农村基层党组织设置形式创新》,《理论导报》,2008 年第 11 期。

57.文茂伟:《给组织领导力发展一个定义》,《领导科学论坛》,2013 年第 3 期。

58.吴重庆、张慧鹏:《以农民组织化重建乡村主体性:新时代乡村振兴的基础》,《中国农业大学学报》(社会科学版),2018 年第 3 期。

58.奚洁人:《中国共产党领导力研究与中国特色领导科学建构》,《中国领导科学》,2018 年第 4 期。

59.席丁香:《我国农村治理模式变迁回顾》,《理论观察》,2014 年第 9 期。

60.夏国锋:《农民的生活伦理与公共精神及其对新农村文化建设的政策启示——基于 5 省 20 村的调查》,《农业经济问题》,2011 年第 12 期。

61.肖唐镖、幸珍宁:《江西农村宗族情况考察》,《社会学研究》,1997 年第 4 期。

62.肖长春、郑传芳:《提升村级党组织组织力:理论、现实与实现路径》,《江西财经大学学报》,2019 年第 4 期。

63.辛逸:《实事求是地评价农村人民公社》,《当代世界与社会主义》,2001 年第 3 期。

64.徐伟、张玲:《基层党组织弱化虚化边缘化现象探析》,《毛泽东邓小平理论研究》,2019 年第 2 期。

65.徐增阳、任宝玉:《"一肩挑"真能解决"两委"冲突吗——村支部与村委会冲突的三种类型及解决思路》,《中国农村观察》,2002 年第 1 期。

66.杨根乔:《充分发挥农村基层党组织带头人在乡村振兴中的作用》,《中州学刊》,2019 年第 3 期。

67.杨华:《农村阶层分化:线索、状况与社会整合》,《求实》,2013 年第 8 期。

68.杨志超、孟永华:《完善农村党员队伍内部激励、关怀、帮扶机制的思考》,《理论探索》,2014 年第 6 期。

69.易新涛:《农村基层党组织带头人队伍建设的调查与分析》,《中国浦东干部学院学报》,2019 年第 6 期。

70.于林可:《乡村振兴战略视野下大学生村官素质提升的路径探索》,《农业经济》,2019 年第 8 期。

71.虞云耀:《为加强党的领导力研究献计出力》,《中国领导科学》,2018 年第 4 期。

72.张纯、向俊杰:《党的领导力与党内民主建设探析》,《学习与探索》,2011 年第 5 期。

73.张紧跟:《延揽乡贤:乡村振兴中基层党组织带头人建设的新思路》,《中共福建省委党校学报》,2019 年第 6 期。

74.张素罗、张焘:《新农村建设中农民组织化的现实困境与路径选择——基于河北省 838 个农户的调查》,《江苏农业科学》,2015 年第 1 期。

75.张小娟:《打造卓越的领导力》,《领导科学》,2005 年第 18 期。

76.张志明:《从五个维度密切新形势下党群关系》,《当代电力文化》,2014 年第 10 期。

77.张志明:《为什么要把党的政治建设摆在首位》,《人民论坛》,2019 年第 7 期。

78.中国科学院"科技领导力研究"课题组:《领导力五力模型研究》,《领导科学》,2006 年第 9 期。

79.钟涨宝:《在"四个全面"布局中推进农村社会建设》,《华中农业大学学报》(社会科学版),2017 年第 4 期。

80.周光辉、王海荣、彭斌:《突出政治功能:新时代基层党组织建设内涵、意义与实践路径分析》,《理论探讨》,2019 年第 3 期。

四、学位论文类

1.郝涛:《习近平扶贫思想研究》,湖南大学博士学位论文,2017年。

2.金艳:《我国当代公民意识及培养研究》,武汉大学硕士学位论文,2004年。

3.李亚超:《新时代提升基层党组织组织力研究》,中共四川省委党校硕士学位论文,2019年。

4.李震:《中国共产党组织领导力研究》,中共中央党校博士学位论文,2019年。

5.林绮雯:《江门市农村基层党组织领导力研究》,华南理工大学硕士学位论文,2018年。

6.柳剑:《加强基层服务型党组织建设问题研究》,山西师范大学硕士学位论文,2015年。

7.苗贵安:《延安时期中国共产党领导力研究》,中共中央党校博士学位论文,2019年。

8.魏小换:《我国村级党组织能力建设研究》,大连海事大学博士学位论文,2014年。

9.辛宁:《乡村治理现代化背景下农民公共精神的构建研究》,青岛大学硕士学位论文,2017年。

10.杨恒昶:《社会转型期农村基层党组织领导力建设研究》,华东政法大学硕士学位论文,2015年。

11.张克兵:《中国共产党农村基层组织组织力研究》,中共中央党校博士学位论文,2019年。

12.赵大朋:《城乡统筹背景下村级党组织功能转型问题研究》,华中师范大学博士学位论文,2012年。

13.钟怡斐:《村民自治背景下农村基层党组织公共管理能力建设的研究——以 D 县村级党组织为例》,华中师范大学硕士学位论文,2018 年。

五、报纸和电子文献类

1.习近平:《关于〈关于新形势下党内政治生活的若干准则〉和〈中国共产党党内监督条例〉的说明》,《人民日报》,2016 年 11 月 3 日。

2.习近平:《切实贯彻落实新时代党的组织路线全党努力把党建设得更加坚强有力》,《人民日报》,2018 年 7 月 5 日。

3.习近平:《坚持从严治党落实管党治党责任把作风建设要求融入党的制度建设》,《人民日报》,2014 年 7 月 1 日。

4.习近平:《决胜全面建成小康社会 夺取新时代中国特色社会主义伟大胜利——在中国共产党第十九次全国代表大会上的报告》,《人民日报》,2017 年 10 月 28 日。

5.习近平:《群众工作是社会管理基础性经常性根本性工作》,《人民日报》,2011 年 2 月 24 日。

6.习近平:《在参加十二届全国人大二次会议上海代表团审议时的讲话》,《人民日报》,2014 年 3 月 6 日。

7.习近平:《在新进中央委员会的委员、候补委员和省部级主要领导干部学习贯彻习近平新时代中国特色社会主义思想和党的十九大精神研讨班上的讲话》,《人民日报》,2018 年 1 月 6 日。

8.《511.8 万贫困残疾人脱贫 280 万重病重残贫困人口纳入低保》,《人民日报》,2019 年 8 月 25 日。

9.《深入扎实开展党的群众路线教育实践活动 为实践党的十八大目标任务提供坚实保证》,《人民日报》,2013 年 6 月 19 日。

10.《习近平在全国高校思想政治工作会议上的讲话》,《光明日报》,2016年12月9日。

11.《新时代,怎样增强党的社会号召力——对话相关专家学者》,《人民日报》,2017年11月22日。

12.《中共中央国务院关于实施乡村振兴战略的意见》,《人民日报》,2018年2月5日。

13.《中国共产党支部工作条例(试行)》,《人民日报》,2018年11月26日。

14.《抓好法律贯彻落实推动合作社健康发展——〈中华人民共和国农民专业合作社法〉实施十周年座谈会发言摘登》,《农民日报》,2017年9月5日。

15.刘云山:《领导干部要提高政治能力》,《学习时报》,2017年9月1日。

16.马吟秋、刘佩峰:《自治、法治、德治相结合健全乡村治理体系》,《人民日报》,2018年2月5日。

17.齐卫平、王可园:《增强党的领导力,人民认同是关键》,《解放日报》,2017年9月1日。